W.I. Lenin

Der „Linke Radikalismus", die Kinderkrankheit im Kommunismus

Impressum
Herausgegeben von der Sozialistische Alternative – SAV im November 2014
V.i.S.d.P., Satz und Umschlaggestaltung: Holger Dröge

Sozialistische Alternative – SAV, Littenstraße 106/107, 10179 Berlin
Telefon: (030) 24 72 38 02, Email: info@sav-online.de

Inhaltsverzeichnis

VORBEMERKUNG

Das Buch **Der „linke Radikalismus", die Kinderkrankheit im Kommunismus** schrieb Lenin im April und Mai 1920, den Nachtrag am 12. Mai 1920. Im Druck erschien es am 12. Juni 1920 in russischer Sprache und im Juli in deutscher, französischer und englischer Sprache. Lenin beaufsichtigte selbst Satz und Druck des Buches, damit es bereits vor Eröffnung des II. Kongresses der Kommunistischen Internationale erscheinen konnte. Es wurde an alle Delegierten des II. Kongresses verteilt. Die wichtigsten Thesen und Schlußfolgerungen dieses Buches bildeten die Grundlage für die Beschlüsse des II. Kongresses der Komintern.

In der zweiten Hälfte des Jahres 1920 wurde das Buch deutsch in Leipzig, Berlin und Hamburg, französisch in Paris, englisch in London und New York, und italienisch in Mailand herausgegeben.

Im Manuskript des Buches Der „linke Radikalismus", die Kinderkrankheit im Kommunismus findet sich der Untertitel (Versuch einer populären Darstellung der marxistischen Strategie und Taktik). In allen Ausgaben zu Lebzeiten Lenins wurde dieser Untertitel weggelassen. Hier wird das Werk nach der ersten russischen Ausgabe veröffentlicht, deren Korrektur Lenin selbst besorgt hat.

Leo Trotzki

VORWORT ZUR POLNISCHEN AUSGABE VON LENINS „DER LINKE RADIKALISMUS"

Die Arbeit Lenins, die wir hier den polnischen Lesern vorlegen, wurde im April 1920 geschrieben. Damals war die kommunistische Bewegung der Kindheit noch nicht entwachsen, ihre Leiden waren wesentlich Kinderkrankheiten.

Lenin verdammt das formelle »Linkstum«, den Radikalismus der Geste und der Phrase, und verteidigt zugleich mit nicht geringerer Leidenschaft die wirklich revolutionäre Unversöhnlichkeit der Klassenpolitik. Das aber hat ihn mitnichten vor dem Mißbrauch durch Opportunisten verschiedener Spielart bewahrt, die sich, seit das Buch vor zwölf Jahren erschienen ist, hunderte und tausende Male darauf berufen haben, um die prinzipienlose Versöhnung zu rechtfertigen.

Gegenwärtig stoßen sich unter den Bedingungen der Weltkrise zahlreiche linke Flügel von der Sozialdemokratie ab. Sie fallen in den Graben, der den Kommunismus vom Reformismus trennt, und erklären, es sei ihre historisch notwendige Funktion, die „Einheitsfront" oder, umfassender, die „Einheit der Arbeiterbewegung" herzustellen. Diese versöhnlerischen Losungen charakterisieren tatsächlich die Physiognomie der Sozialistischen Arbeiterpartei in Deutschland, die von Seydewitz, K. Rosenfeld, dem alten Ledebour und anderen geleitet wird. Von der deutschen SAP unterscheidet sich kaum, soweit ich es von hier aus beurteilen kann, die kleine polnische politische Gruppe um Dr. Joseph Krouk u. a. Die Theoretiker dieser Gruppen berufen sich bestenfalls auf Lenins Arbeit über die "linke Kinderkrankheit. Sie schulden uns die Erklärung, wieso sie Lenin stets für einen verstockten Spalter gehalten haben.

Der Kern der leninistischen Einheitsfrontpolitik besteht darin, dem Proletariat die Möglichkeit zu geben, unter Wahrung einer unversöhnlichen und kämpferischen Organisation und eines ebensolchen Programms wenigstens einen kleinen praktischen Schritt vorwärts zu gehen. Auf der Basis dieses praktischen Schritts der Massen bemüht sich Lenin, die politischen Widersprüche zwischen Marxismus und Reformismus weder abzuschwächen noch zu unterdrücken, sondern ganz im Gegenteil sie offenzulegen, sie den Massen verständlich zu machen und dadurch den revolutionären Flügel zu stärken.

Das Einheitsfrontproblem ist der Kern aller taktischen Probleme. Aber wir wissen, daß die Taktik der Strategie untergeordnet ist. Die Linien unserer Strategie werden im Lichte des Marxismus durch die historischen Interessen des Proletariats bestimmt. Wir wollen damit die Bedeutung der taktischen Probleme nicht herabsetzen. Ohne spezifische Taktik bleibt die Strategie eine tote Abstraktion fürs Museum. Aber es ist nicht weniger unnütz, eine besondere Taktik, was immer ihre aktuelle Bedeutung sein mag, in ein Allheilmittel zu verwandeln, daraus ein Universalrezept und einen Glaubensartikel zu machen. Die Voraussetzung der Einheitsfrontpolitik ist ein totaler und unversöhnlicher Bruch mit der prinzipienlosen Versöhnung.

Lenins Schrift schien dem falschen Radikalismus einen tödlichen Streich versetzt zu haben. Der Dritte und Vierte Kongreß der Kommunistischen Internationale haben beinahe einmütig die Schlußfolgerungen dieses Buches in ihre Resolutionen eingehen lassen. Aber während der letzten Periode, deren Beginn beinahe mit der Krankheit und dem Tod Lenins zusammenfällt, sehen wir eine Strömung, die auf den ersten Blick erstaunen macht: die ultralinken Tendenzen tauchen wieder auf, gewinnen an Kraft, führen zu einer Reihe von Niederlagen und verschwinden dann von der Szene, um von neuem in noch zugespitzterer und bösartigerer Form wiederzukehren.

Die formellen und geistlosen Verwahrungen gegen jedwede Vereinbarung mit dem Reformismus, gegen die Einheitsfront mit der Sozialdemokratie, gegen die Einheit der Gewerkschaftsbewegung, die oberflächlichen Argumente zugunsten der Schaffung von - um mit Lenin zu reden -"blitzsauberen Gewerkschaften", all diese „ultralinken" Parolen sind dadurch, daß sie gegenwärtig von bürokratischen Bässen statt von Fistelstimmen vorgetragen werden, weder ernsthafter noch intelligenter geworden. Worauf ist dieser erstaunliche Rückfall zurückzuführen?

Wir wissen, daß die politischen Tendenzen nicht in der Lufl schweben. Abweichungen und Fehler müssen, sofern sie dauerhaft sind, eine Klassenbasis haben. Wenn man von „Ultralinkstum" redet, ohne seine sozialen Wurzeln zu bestimmen, so ersetzt man die marxistische Analyse durch ein Gedankenspiel. Übrigens reduzieren die rechten und opportunistischen Kritiker des Stalinismus - wie z. B. die Brandlerianer - gegenwärtig alle Fehler der Kommunistischen Internationale auf ein simples ideologisches Mißverständnis; das Ultralinkstum wird dabei von sozialen, historischen Tendenzen abgelöst, in eine Art Mystik verkehrt, zu einem bösen Geist gemacht, der die frommen Christen verschlingt.

Das Problem stellt sich ganz anders. Die Ereignisse zeigen ganz klar, daß diese Fehler, die seinerzeit zum Habitus von Individuen oder Gruppen gehörten und einzig einem Mangel an politischer Reife zuzuschreiben waren, jetzt zum System erhoben und zu Waffen des bewußten Kampfes um die Macht einer ganzen politischen Strömung geworden sind: des bürokratischen Zentrismus. Es handelt sich nicht um inkonsistente ultralinke Anwandlungen, wenn dieselbe politische Gruppe, die gegenwärtig die Kommunistische Internationale dirigiert, auf ultralinke Fehler grob opportunistische Aktionen folgen läßt. In bestimmten Momenten vertauscht die stalinistische Fraktion den Radikalismus nicht rechtzeitig mit dem Opportunismus, sondern macht von beiden gleichzeitig Gebrauch, in direkter Abhängigkeit von den Erfordernissen des Frationskampfes.

So sehen wir gegenwärtig auf der einen Seite eine prinzipielle Ablehnung jeder Politik irgendwelcher Vereinbarungen mit der Sozialdemokratie; andererseits sind wir Zeugen des Antikriegskongresses, der auf Grund von Vereinbarungen mit bürgerlichen und kleinbürgerlichen Pazifisten, den französischen Radikalen, den Freimaurern oder mit anspruchsvollen Leuten vom Typus Barbusse[1] zustandekommt, der sich berufen fühlt, „die Zweite und Dritte Internationale zu vereinigen".

Alle die einfachen, gänzlich schlüssigen Argumente, die Lenin zugunsten von „Vereinbarungen", „Kompromissen", unvermeidlichen Konzessionen usw. vorbrachte, zeigen zugleich aufs Beste, welche Grenzen diese Methoden nicht überschreiten dürfen, ohne sich in ihr Gegenteil zu verkehren.

Die Einheitsfronttaktik ist kein universelles Prinzip. Sie ist selbst einem weitaus wichtigeren Kriterium unterstellt: der Vereinigung der proletarischen Avantgarde auf der Grundlage einer intransigenten marxistischen Politik. Die Kunst der Führung besteht darin, gestützt auf konkrete Verbindungen mit der Klasse von Fall zu Fall zu entscheiden, mit wem, zu welchem Zweck und innerhalb welcher Grenzen die Einheitsfront akzeptabel ist, und in welchem Fall sie gebrochen werden muß.

Wenn wir ein gültiges Muster dafür suchen, wie die Einheitsfrontpolitik nicht geführt werden kann und darf, so finden wir kein besseres - richtiger: schlechteres - als den Amsterdamer Kongreß „aller Klassen und aller Parteien" gegen den Krieg.

Dies Beispiel verdient, Punkt für Punkt untersucht zu werden.

---

1 Henri Barbusse, 1879-1935, frz. Literat, Autor von „Das Feuer" (1916), einem Kriegtagebuch, das zur Anklage gegen den Krieg wird. Ab 1923 Mitglied der Kommunistischen Partei Frankreichs.

1. Die Kommunistische Partei muß bei allen möglichen Vereinbarungen, seien sie kurz- oder langfristig, offen unter ihrer eigenen Fahne auftreten. In Amsterdam waren Parteien als solche überhaupt nicht zugelassen. Als ob der Kampf gegen den Krieg nicht eine politische und folglich eine Aufgabe der Parteien wäre. Als ob dieser Kampf nicht höchste Klarheit und Genauigkeit des Denkens erforderte. Als ob irgendeine andere Organisation außer der Partei imstande wäre, die Probleme des Kampfes gegen den Krieg klarer und vollständiger zu formulieren. Und doch ist der wirkliche Organisator dieses Kongresses, bei dem die Parteien ausgeschlossen sind, gerade die Komintern!

2. Die Kommunistische Partei darf nicht eine Einheitsfront suchen mit isolierten Advokaten und Journalisten oder sympathischen Freunden, sondern nur mit Arbeiter-Massenorganisationen, also in erster Linie mit der Sozialdemokratie. Dennoch wurde eine Einheitsfront mit der Sozialdemokratie von vornherein ausgeschlossen. Selbst der Appell an die Sozialdemokratie wurde für unzulässig erklärt, d. h. die Probe darauf, wie stark der Druck der sozialdemokratischen Massen auf ihre Führer schon ist.

3. Gerade weil die Einheitsfrontpolitik opportunistische Gefahren mit sich bringt, muß die Kommunistische Partei jegliche zweideutige, diplomatische Vermittlungspolitik hinter dem Rücken der Massen unterlassen. Dennoch hielt es die Komintern für nützlich, als formellen Organisator und Bannerträger den französischen Schriftsteller Barbusse vorzuschieben, einen Mittler hinter den Kulissen, der sich auf die übelsten Elemente von Reformismus und Kommunismus stützt. Ohne Information der Massen, aber offensichtlich im Auftrag der Komintern, begann Barbusse Unterhandlungen über den Kongreß mit Friedrich Adler[2]. Aber die Einheitsfront von oben ist doch unzulässig?! Wenn Barbusse den Vermittler macht, ist sie, wie sich zeigt, zulässig. Überflüssig zu sagen, daß die Leiter der II. Internationale Barbusse auf dem Felde politischer Diplomatie bei weitem uberlegen sind. Barbusses Diplomatie hinter den Kulissen gab der II. Internationale die Möglichkeit, die Teilnahme am Kongreß unter günstigen Vorwänden auszuschlagen.

4. Die Kommunistische Partei hat das Recht und die Pflicht, schwache Verbündete, wenn es wirklich welche sind, für die Sache zu gewinnen, aber so, daß dadurch nicht die Arbeitermasse, der wichtigste „Verbündete", ab-

---

2   Friedrich Adler, 1879-1960, österreichischer Sozialdemokrat, 1925-1940 Vorsitzender der Sozialistischen Internationale.

gestoßen wird. Die Teilnahme einzelner bürgerlich-radikaler Mitglieder der herrschenden Partei des französischen Imperialismus am Kongreß muß aber die französischen sozialistischen Arbeiter vom Kommunismus abstoßen. Es wird auch nicht leicht sein, den deutschen Proletariern zu erklären, warum man zwar Seite an Seite mit dem Vizepräsidenten der Partei Herriots[3] oder mit dem pazifistischen General Schönaich[4] auftreten kann, aber den reformistischen Arbeiterorganisationen keinerlei Vorschläge für gemeinsame Aktionen gegen den Krieg machen darf.

5. Bei der Einheitsfrontpolitik ist es höchst gefährlich, mit falschen "Größen" zu tun zu haben, falsche Verbündete für wirkliche auszugeben und damit die Arbeiter zu betrügen. Genau dies Verbrechen begehen die Organisatoren des Amsterdamer Kongresses.

Die französische Bourgeoisie gibt sich jetzt als durch und durch „pazifistisch". Das ist kein Wunder: jeder Sieger versucht, den Besiegten daran zu hindern, einen Revanchekrieg vorzubereiten. Die französische Bourgeoisie sucht überall Friedensgarantien, d. h. Garantien für die Unverletzlichkeit der Beute. Der linke Flügel des kleinbürgerlichen Pazifismus ist bereit, solche Garantien sogar in einer episodischen Vereinbarung mit der Komintern zu suchen. Aber in den ersten Kriegstagen werden all diese Pazifisten auf seiten ihrer Regierung stehen. Den französischen Arbeitern werden sie sagen: „In unserem Kampf für den Frieden waren wir zu allem bereit, sogar auf dem Arnsterdamer Kongreß; aber man hat uns zum Krieg gezwungen - wir sind für die Verteidigung des Vaterlandes." Die Teilnahme der französischen Pazifisten am Kongreß, die sie praktisch zu nichts verpflichtet, wirkt sich völlig zugunsten des französischen Imperialismus aus.

Anderseits werden im Falle eines Krieges der General Schönaich und seinesgleichen - aus Gründen der „Gleichberechtigung" auf dem Felde der internationalen Räuberei unzweifelhaft ganz und gar auf seiten ihres deutschen Vaterlands stehen und ihre in Amsterdam neu gewonnene Autorität zu dessen Nutzen einsetzen.

---

3 Édouard Herriot, 1872-1957, führender Politiker der Radikalen (bürgerlichen) Partei Frankreichs, von 1924-25, 1926 und 1932 Premierminister, mehrfach Außenminister
4 Paul Freiherr von Schoenaich, 1866-1954, im ersten Weltkrieg Generalmajor, später Pazifist, von 1929-33 und von 1946-1954 Vorsitzender der Deutschen Friedensgesellschaft.

Der indische bürgerliche Nationalist Patel[5] nahm am Kongreß aus den gleichen Gründen teil, die Tschiang Kai-shek dazu veranlaßten, „mit beratender Stimme" der Komintern anzugehören. Solche Teilnahme steigert unweigerlich die Autorität der „nationalen Führer" in den Augen der Volksmassen. Dem indischen Kommunisten, der Patel und seine Freunde auf einer Versammlung Verräter nennt, wird Patel antworten: „Wäre ich ein Verräter, so hätte ich nicht in Amsterdam Verbündeter der Bolschewisten sein können." Die Stalinisten haben dem indischen Bourgeois eine Waffe gegen die indischen Arbeiter in die Hand gegeben.

6. Vereinbarungen zu praktischen Zwecken dürfen auf keinen Fall mit prinzipiellen Zugeständnissen, dem Verschweigen bestehender Gegensätze und zweideutigen Formulierungen erkauft werden, die jedem Teilnehmer die Möglichkeit offenlassen, sie auf seine Weise zu interpretieren. Aber das Manifest des Amsterdamer Kongresses ist ganz und gar auf Tricks und Zweideutigkeiten aufgebaut, auf Wortspielen, auf dem Verschleiern der Gegensätze, auf hochtrabenden Deklamationen ohne Gehalt, auf feierlichen Schwüren, die zu nichts verpflichten. Die Mitglieder der bürgerlichen Parteien und Freimaurerlogen „verurteilen" den Kapitalismus! Die Pazifisten „verurteilen" ... den Pazifismus! Schon am Tag nach dem Kongreß nennt sich General Schönaich in einem in W. Münzenbergs Journal gedruckten Artikel einen Pazifisten. Nachdem sie den Kapitalismus verurteilt haben, kehren die kleinen und weniger kleinen Bourgeois in ihre kapitalistischen Parteien zurück und sprechen Herriot das Vertrauen aus. Ist das nicht eine unwürdige Maskerade, schamlose Scharlatanerie?

Die marxistische Unversöhnlichkeit, die bei Anwendung der Einheitsfrontpolitik ohnehin unerläßlich ist, wird doppelt und dreifach unerläßlich, wenn es sich um eine so brennende Frage wie den Krieg handelt. Die entschiedene Stimme des einen Liebknecht hatte während des Krieges eine unvergleichlich größere Bedeutung für die Entwicklung der deutschen Revolution als die sentimentalen, halben Proteste der Pazifisten von der USPD. In Frankreich fand sich kein einziger Liebknecht. Einer der Gründe dafür besteht eben darin, daß in Frankreich der Pazifismus freimaurerischer, radikaler, sozialistischer und syndikalistischer Couleur eine Atmosphäre von Lüge und Heuchelei ausgebildet hat.

---

5 Vallabhai „Sardar" Patel, 1875-1950, indischer bürgerlicher Nationalist, führendes Mitglied der Kongreßpartei, ab 1947 Innenminister und stellvertretender Ministerpräsident und maßgeblich in den Kampf um Kashmir verwickelt.

Lenin forderte, daß auf jederlei Kongressen „gegen den Krieg" nicht das Ziel verfolgt werden solle, zu unverbindlichen gemeinsamen Entschließungen zu kommen, sondern daß man im Gegenteil die Frage so klar, präzis und scharf stellen müsse, daß die Pazifisten gezwungen wären, sich die Finger zu verbrennen, zurückzuweichen - um damit den Arbeitern eine Lehre zu geben. So schrieb Lenin in der Instruktion für die Sowjetdelegation beim Haager Antikriegskongreß im Jahre 1922:

> „Mir scheint, wenn wir auf der Haager Konferenz einige Leute haben werden, die fähig sind, in dieser oder jener Sprache eine Rede gegen den Krieg zu halten, so wird das allerwichtigste die Widerlegung der Meinung sein, als seien die Anwesenden Gegner des Krieges, als verstünden sie, wie der Krieg im allerunerwartetsten Augenblick über sie hereinbrechen kann und muß, als begriffen sie irgend etwas von der Art und Weise des Kampfes gegen den Krieg, als wären sie irgendwie imstande, einen vernünftigen und zum Ziel führenden Weg im Kampf gegen den Krieg einzuschlagen."

Stellen Sie sich für einen Augenblick Lenin vor, wie er in Amsterdam für das leere und großsprecherische Manifest stimmt, Hand in Hand mit dem französischen Radikalen Bergery[6], dem deutschen Schönaich und dem indischen Nationalliberalen Patel. Der Widerspruch eines solchen Bildes läßt am besten deutlich werden, wie tief die Epigonen gesunken sind.

In dem Buche Lenins gibt es keine einzige Formulierung, von der wir heute abrücken müßten. Seit es vor zwölf Jahren konzipiert wurde, hat sich auf der Basis einer systematischen Verfälschung der Leninschen Politik und des Mißbrauchs Leninscher Zitate eine Tendenz herausgebildet, die zur Zeit, als Lenin sein Buch schrieb, noch nicht existierte - der bürokratische Zentrismus.

Die stalinistische Tendenz ist keineswegs inkonsistent. Sie hat eine soziale Basis: Millionen von Bürokraten, die aus einer siegreichen, aber auf ein Land beschränkten Revolution hervorgegangen sind. Die Sonderinteressen der bürokratischen Kaste rufen in ihr opportunistische und nationalistische Tendenzen hervor. Aber es handelt sich um die Bürokratie eines *Arbeiter*staats, der von einer bürgerlichen Welt umringt ist. Sie stößt jeden Augenblick feindselig mit der sozialdemokratischen Bürokratie der kapita-

---

6   Gaston Bergery, 1891-1974, anfänglich Politiker der Radikalen (bürgerlichen) Partei Frankreichs, 1936 Abgeordneter der Volksfront, ab 1940 Unterstützer Pétains und Befürworter der Kollaboration mit Nazi-Deutschland und später Botschafter des Vichy-Regimes u.a. in der UdSSR.

listischen Länder zusammen. Da sie die Führung der Kommunistischen Internationale bestimmt, drückt sie ihr den Stempel ihrer eigenen widersprüchlichen Lage auf. Die gesamte Politik der Führung der Epigonen oszilliert zwischen Opportunismus und Abenteurertum. Das „Ultralinkstum" ist keine Kinderkrankheit mehr. Es ist zu einer Selbsterhaltungstechnik für eine Fraktion geworden, die durch die Entwicklung der Avantgarde des Weltproletariats mehr und mehr beunruhigt wird. Der Kampf gegen die zentristische Bürokratie ist jetzt die erste Pflicht jedes Marxisten. Schon aus diesem Grunde muß man die Herausgabe der bewundernswerten Arbeit Lenins in polnischer Sprache wärmstens begrüßen.

Prinkipo, 6. Oktober 1931

W.I. Lenin

DER „LINKE RADIKALISMUS", DIE KINDERKRANKHEIT IM KOMMUNISMUS

I. In welchem Sinne kann man von der internationalen Bedeutung der russischen Revolution sprechen?

In den ersten Monaten nach der Eroberung der politischen Macht durch das Proletariat in Rußland (25.Oktober/7.November 1917) konnte es scheinen, daß infolge der ungeheuren Unterschiede zwischen dem rückständigen Rußland und den fortgeschrittenen westeuropäischen Ländern die Revolution des Proletariats in diesen Ländern der unsern sehr wenig ähnlich sein werde. Jetzt liegt uns bereits eine recht beträchtliche internationale Erfahrung vor, die mit voller Bestimmtheit erkennen läßt, daß einige Grundzüge unserer Revolution nicht örtliche, nicht spezifische nationale, nicht ausschließlich russische, sondern internationale Bedeutung haben. Ich spreche hier von internationaler Bedeutung nicht im weiten Sinne des Wortes: Im Sinne der Einwirkung unserer Revolution auf alle Länder sind nicht einige, sondern alle ihre Grundzüge und viele ihrer sekundären Züge von internationaler Bedeutung. Nein, ich spreche davon im engsten Sinne des Wortes, d.h., versteht man unter internationaler Bedeutung, daß das, was bei uns geschehen ist, internationale Geltung hat oder sich mit historischer Unvermeidlichkeit im internationalen Maßstab wiederholen wird, so muß man einigen Grundzügen unserer Revolution eine solche Bedeutung zuerkennen.

Natürlich wäre es ein großer Fehler, diese Wahrheit zu übertreiben und sie auf mehr als einige Grundzüge unserer Revolution auszudehnen. Ebenso wäre es verfehlt, außer acht zu lassen, daß nach dem Sieg der proletarischen Revolution, sei es auch nur in einem der fortgeschrittenen Länder, aller Wahrscheinlichkeit nach ein jäher Umschwung eintreten, daß nämlich Rußland bald danach nicht mehr ein vorbildliches, sondern wieder ein (im „sowjetischen" und im sozialistischen Sinne) rückständiges Land sein wird.

Aber im gegebenen historischen Zeitpunkt liegen die Dinge nun einmal so, daß das russische Vorbild allen Ländern etwas, und zwar etwas überaus Wesentliches aus ihrer unausweichlichen und nicht fernen Zukunft zeigt. Die fortgeschrittenen Arbeiter aller Länder haben das längst begriffen - noch häufiger freilich haben sie es nicht so sehr begriffen als vielmehr mit dem Instinkt der revolutionären Klasse erfaßt, empfunden. Daher die internationale „Bedeutung" (im engen Sinne des Wortes) der Sowjetmacht und ebenso der Grundlagen der bolschewistischen Theorie und Taktik. Nicht begriffen haben das die „revolutionären" Führer der II. Internationale vom Schlage Kautskys in Deutschland, Otto Bauers und Friedrich Adlers in Österreich, die sich deshalb auch als Reaktionäre, als Verteidiger des schlimmsten Opportunismus und Sozialverrats erwiesen haben. Unter anderem zeigt die 1919 in Wien anonym erschienene Broschüre **Weltrevolution** (Sozialistische Bücherei, Heft 11, bei Ignaz Brand) besonders anschaulich den ganzen Gedankengang und den ganzen Gedankenkreis, richtiger gesagt, den ganzen Abgrund von Unverstand, Pedanterie, Gemeinheit und Verrat an den Interessen der Arbeiterklasse und das alles unter der Marke „Verteidigung der Idee der ‚Weltrevolution'."

Aber auf diese Broschüre werden wir ein andermal ausführlicher zurückkommen müssen. Hier wollen wir nur noch eines hervorheben. In den längst vergangenen Zeiten, als Kautsky noch ein Marxist war und kein Renegat, ging er an die Frage als Historiker heran und sah voraus, daß eine Situation eintreten könne, in welcher der Revolutionismus des russischen Proletariats zum Vorbild für Westeuropa werden würde. Das war im Jahre 1902, als Kautsky in der revolutionären **Iskra** den Artikel *Die Slawen und die Revolution* veröffentlichte. Man lese, was er in diesem Artikel schrieb:

„Heute [im Gegensatz zum Jahre 1848] scheint es jedoch, als seien die Slawen nicht bloß in die Reihe der revolutionären Völker eingetreten, sondern als verschiebe sich der Schwerpunkt des revolutionären Denkens und Wirkens immer mehr nach den Slawen zu. Das revolutionäre Zentrum wandert von West nach Ost. In der ersten Hälfte des XIX. Jahrhunderts war es in Frankreich, zeitweise in England, 1848 trat auch Deutschland in die Reihe der revolutionären Nationen ein ... Das neue Jahrhundert jedoch beginnt unter Erscheinungen, die den Gedanken nahe legen, daß wir einer weiteren Verschiebung des revolutionären Zentrums entgegengehen, und zwar einer Verschiebung nach Rußland hin ... Rußland, das so viele revolutionäre Anregungen von dem Westen empfangen, ist vielleicht jetzt daran, auch seinerseits revolutionäre Anregungen zu geben. Das Aufflammen der russischen revolutionären Bewegung wird vielleicht das kraftvollste Mittel sein, jenen Geist des weichlichen Philistertums und kühlen Staatsmannstums zu bannen, der in unseren Reihen sich breitzumachen beginnt, und die Leidenschaften des Kampfes und der Begeisterung für unsere großen Ideale wieder hoch emporlodern zu lassen. Rußland hat längst aufgehört, für Westeuropa ein bloßer Hort der Reaktion und des Absolutismus zu sein. Das Verhältnis kehrt sich jetzt vielmehr um. Westeuropa wird der Hort der Reaktion und des Absolutismus in Rußland ... Mit dem Zaren wären die Revolutionäre Rußlands vielleicht schon längst fertig geworden, wenn sie nicht gleichzeitig gegen seinen Bundesgenossen zu kämpfen hätten, das europäische Kapital. Hoffentlich gelingt es ihnen diesmal, beide Feinde niederzuringen, so daß deren unheilige Allianz rascher zusammenbricht als ihre Vorgängerin. Aber wie immer der jetzige Kampf in Rußland enden möge, das Blut und das Lebensglück der Märtyrer, das er leider nur zu reichlich fordern dürfte, wird nicht umsonst dahingegeben werden. Es wird die Saat der sozialen Umwälzung in der ganzen zivilisierten Welt befruchten und sie reicher und rascher in die Halme schießen lassen. Die Slawen waren 1848 der eisige Frost, der die Blüten des Völkerfrühlings tötete. Vielleicht ist es ihnen beschieden, nun zum Föhnsturm zu werden, der das Eis der Reaktion zum Bersten bringt und einen neuen, glücklichen Völkerfrühling mit Macht herbeiführt." (Karl Kautsky, Die Slawen und die Revolution, **Iskra**, russische sozialdemokratische revolutionäre Zeitung, Nr. 18 vom 10. März 1902.)[7]

Wie gut schrieb Karl Kautsky doch vor 18 Jahren!

---

[7]   Deutscher Originaltext siehe **Märzfeier 1902**, Festschrift der Wiener Volksbuchhandlung Ignaz Brand zum Gedenktag der Revolution von 1848. – *Der Übers.*

II. Eine der Grundbedingungen des Erfolges der Bolschewiki

Sicherlich sieht jetzt schon fast jeder, daß die Bolschewiki die Macht keine 2½ Monate, geschweige denn 2½ Jahre hätten behaupten können ohne die strengste, wahrhaft eiserne Disziplin in unserer Partei, ohne die vollste und grenzenlose Unterstützung der Partei durch die gesamte Masse der Arbeiterklasse, d.h. durch alle denkenden, ehrlichen, selbstlosen, einflußreichen Menschen dieser Klasse, die fähig sind, die rückständigen Schichten zu führen oder mit sich fortzureißen.

Die Diktatur des Proletariats ist der aufopferungsvollste und schonungsloseste Krieg der neuen Klasse gegen einen mächtigeren Feind, gegen die Bourgeoisie, deren Widerstand sich durch ihren Sturz (sei es auch nur in einem Lande) verzehnfacht und deren Macht nicht nur in der Stärke des internationalen Kapitals, in der Stärke und Festigkeit der internationalen Verbindungen der Bourgeoisie besteht, sondern auch in der Macht der Gewohnheit, in der Stärke der Kleinproduktion. Denn Kleinproduktion gibt es auf der Welt leider noch sehr, sehr viel; die Kleinproduktion aber erzeugt unausgesetzt, täglich, stündlich, elementar und im Massenumfang Kapitalismus und Bourgeoisie. Aus allen diesen Gründen ist die Diktatur des Proletariats notwendig, und der Sieg über die Bourgeoisie ist unmöglich ohne einen langen, hartnäckigen, erbitterten Krieg auf Leben und Tod, einen Krieg, der Ausdauer, Disziplin, Festigkeit, Unbeugsamkeit und einheitlichen Willen erfordert.

Ich wiederhole, die Erfahrungen der siegreichen Diktatur des Proletariats in Rußland haben denen, die nicht zu denken verstehen oder nicht in die Lage kamen, über diese Frage nachzudenken, deutlich gezeigt, daß unbedingte Zentralisation und strengste Disziplin des Proletariats eine der Hauptbedingungen für den Sieg über die Bourgeoisie sind.

Davon wird häufig gesprochen. Es wird aber lange nicht genug darüber nachgedacht, was das bedeutet, unter welchen Bedingungen das möglich ist. Sollte man nicht lieber die der Sowjetmacht und den Bolschewiki gezollten Beifallskundgebungen häufiger mit einer sehr ernsten Analyse der Ursachen verknüpfen, die bewirkten, daß die Bolschewiki die für das revolutionäre Proletariat notwendige Disziplin schaffen konnten?

Als Strömung des politischen Denkens und als politische Partei besteht der Bolschewismus seit dem Jahre 1903. Nur die Geschichte des Bolschewismus in der ganzen Zeit seines Bestehens vermag befriedigend zu erklären, warum er imstande war, die für den Sieg des Proletariats notwendige eiserne Disziplin zu schaffen und sie unter den schwierigsten Verhältnissen aufrechtzuerhalten.

Und da taucht vor allem die Frage auf: wodurch wird die Disziplin der revolutionären Partei des Proletariats aufrechterhalten? wodurch wird sie kontrolliert? wodurch gestärkt? Erstens durch das Klassenbewußtsein der proletarischen Avantgarde und ihre Ergebenheit für die Revolution, durch ihre Ausdauer, ihre Selbstaufopferung, ihren Heroismus. Zweitens durch ihre Fähigkeit, sich mit den breitesten Massen der Werktätigen, in erster Linie mit den proletarischen, aber auch mit den nichtproletariscben werktätigen Massen zu verbinden, sich ihnen anzunähern, ja, wenn man will, sich bis zu einem gewissen Grade mit ihnen zu verschmelzen. Drittens durch die Richtigkeit der politischen Führung, die von dieser Avantgarde verwirklicht wird, durch die Richtigkeit ihrer politischen Strategie und Taktik, unter der Bedingung, daß sich die breitesten Massen durch eigene Erfahrung von dieser Richtigkeit überzeugen. Ohne diese Bedingungen kann in einer revolutionären Partei, die wirklich fähig ist, die Partei der fortgeschrittenen Klasse zu sein, deren Aufgabe es ist, die Bourgeoisie zu stürzen und die ganze Gesellschaft umzugestalten, die Disziplin nicht verwirklicht werden. Ohne diese Bedingungen werden die Versuche, eine Disziplin zu schaffen, unweigerlich zu einer Fiktion, zu einer Phrase, zu einer Farce. Diese Bedingungen können aber anderseits nicht auf einmal entstehen. Sie werden nur durch langes Bemühen, durch harte Erfahrung erarbeitet; ihre Erarbeitung wird erleichtert durch die richtige revolutionäre Theorie, die ihrerseits kein Dogma ist, sondern nur in engem Zusammenhang mit der Praxis einer wirklichen Massenbewegung und einer wirklich revolutionären Bewegung endgültige Gestalt annimmt.

Wenn der Bolschewismus in den Jahren 1917-1920 unter unerhört schweren Bedingungen die strengste Zentralisation und eine eiserne Disziplin schaffen und erfolgreich verwirklichen konnte, so liegt die Ursache dafür ganz einfach in einer Reihe historischer Besonderheiten Rußlands.

Einerseits ist der Bolschewismus im Jahre 1903 auf der festen Grundlage der marxistischen Theorie entstanden. Daß aber diese – und nur diese – revolutionäre Theorie richtig ist, haben nicht nur die internationalen Erfahrungen des ganzen 19. Jahrhunderts, sondern insbesondere auch die Erfahrungen mit den Irrungen und Wirrungen, mit den Fehlern und Enttäuschungen des revolutionären Denkens in Rußland bewiesen. Im Laufe ungefähr eines halben Jahrhunderts, etwa von den vierziger und bis zu den neunziger Jahren des vorigen Jahrhunderts, suchte das fortschrittliche Denken in Rußland, unter dem Joch des unerhört barbarischen und reaktionären Zarismus, begierig nach der richtigen revolutionären Theorie und verfolgte mit erstaunlichem Eifer und Bedacht jedes „letzte Wort" Europas und Amerikas auf diesem Gebiet. Den Marxismus als die einzig richtige revolutionäre Theorie hat sich Rußland wahrhaft in Leiden errungen, durch ein halbes Jahrhundert unerhörter Qualen und Opfer, beispiellosen revolutionären Heldentums, unglaublicher Energie und hingebungsvollen Suchens, Lernens, praktischen Erprobens, der Enttäuschungen, des Überprüfens, des Vergleichens mit den Erfahrungen Europas. Dank dem vom Zarismus aufgezwungenen Emigrantenleben verfügte das revolutionäre Rußland in der zweiten Hälfte des 19. Jahrhunderts über eine solche Fülle von internationalen Verbindungen, aber eine so vortreffliche Kenntnis aller Formen und Theorien der revolutionären Bewegung der Welt wie kein anderes Land auf dem Erdball.

Anderseits hatte der Bolschewismus, der auf dieser granitnen theoretischen Grundlage entstanden war, eine fünfzehnjährige (1903-1917) praktische Geschichte hinter sich, die an Reichtum der Erfahrung nicht ihresgleichen kennt. Denn kein anderes Land hatte in diesen 15 Jahren auch nur annähernd soviel durchgemacht an revolutionärer Erfahrung, an rapidem und mannigfaltigem Wechsel der verschiedenen Formen der Bewegung: der legalen und illegalen, der friedlichen und stürmischen, der unterirdischen und offenen, der Zirkelarbeit und der Massenarbeit, der parlamentarischen und der terroristischen Form der Bewegung. In keinem anderen Lande war in einem so kurzen Zeitraum ein solcher Reichtum an Formen, Schattierungen und Methoden des Kampfes aller Klassen der modernen Gesellschaft konzentriert gewesen, und zwar eines Kampfes, der infolge der Rückständigkeit des Landes und des schweren Jochs des Zarismus besonders schnell heranreifte und sich besonders begierig und erfolgreich das entsprechende „letzte Wort" der amerikanischen und europäischen politischen Erfahrungen zu eigen machte.

III. Die Hauptetappen in der Geschichte des Bolschewismus

Die Jahre der Vorbereitung der Revolution (1903-1905)

Überall ist das Nahen des großen Sturmes zu spüren. In allen Klassen Gärung und Vorbereitung. Die Emigrantenpresse im Ausland wirft theoretisch eilig Grundfragen der Revolution auf. Die Vertreter der drei Hauptklassen, der drei wichtigsten politischen Strömungen – der bürgerlich-liberalen, der kleinbürgerlich-demokratischen (die sich hinter den Aushängeschildern der „sozial-demokratischen" und der „sozial-revolutionären" Richtung verbirgt) und der proletarisch-revolutionären -, nehmen im äußerst erbitterten Kampf der programmatischen und taktischen Auffassungen den kommenden offenen Kampf der Klassen vorweg und bereiten ihn vor. Alle Fragen, um derentwillen der bewaffnete Kampf der Massen in den Jahren 1905-1907 und 1917-1920 geführt wurde, kann (und soll) man, in ihrer Keimform, an Hand der damaligen Presse verfolgen. Und zwischen den drei Hauptrichtungen gibt es natürlich eine Unmenge Zwischen-, Übergangs- und Halbgebilde. Richtiger: im Kampf der Presseorgane, Parteien, Fraktionen und Gruppen kristallisieren sich jene ideologischen und politischen Richtungen heraus, die wirklich klassenmäßig bestimmt sind; die Klassen schmieden sich die nötigen ideologischen und politischen Waffen für die kommenden Schlachten.

Die Jahre der Revolution (1905-1907)

Alle Klassen treten offen auf. Alle programmatischen und taktischen Auffassungen werden durch die Aktion der Massen erprobt. Streikkämpfe von nie dagewesener Ausdehnung und Heftigkeit. Hinüberwachsen des wirtschaftlichen Streiks in den politischen und des politischen Streiks in den Aufstand. Praktische Erprobung der Wechselbeziehungen zwischen dem führenden Proletariat und der zu führenden, schwankenden, unbeständigen Bauernschaft. In der elementaren Entwicklung des Kampfes entsteht die Organisationsform der Sowjets. Die damaligen Auseinandersetzungen über die Bedeutung der Sowjets nehmen den großen Kampf von 1917 bis 1920 vorweg. Der Wechsel der parlamentarischen und der außerparlamentarischen Kampfformen, der Taktik des Boykotts des Parlamentarismus und der Taktik der Beteiligung am Parlamentarismus, der legalen und der illegalen Kampfformen sowie ihre gegenseitigen Beziehungen und Zusammenhänge – alles das zeichnet sich durch einen erstaunlichen Reichtum des Inhalts aus. Jeder Monat dieser Periode kam, was die Unterweisung der Massen wie der Führer, der Klassen wie der Parteien in den Grundkenntnissen der politischen Wissenschaft betrifft, einem Jahr „friedlicher" „konstitutioneller" Entwicklung gleich. Ohne die „Generalprobe" von 1905 wäre der Sieg der Oktoberrevolution 1917 nicht möglich gewesen.

Die Jahre der Reaktion (1907-1910)

Der Zarismus hat gesiegt. Alle revolutionären und oppositionellen Parteien sind geschlagen. Niedergang, Demoralisation, Spaltungen, Zerfahrenheit, Renegatentum, Pornographie an Stelle der Politik. Verstärkter Hang zum philosophischen Idealismus; Mystizismus als Hülle konterrevolutionärer Stimmungen. Gleichzeitig aber erteilt gerade die große Niederlage den revolutionären Parteien und der revolutionären Klasse eine wirkliche und überaus nützliche Lektion, eine Lektion in geschichtlicher Dialektik, eine Lektion über das Verständnis, die Fähigkeit und die Kunst, den politischen Kampf zu führen. Freunde erkennt man im Unglück. Geschlagene Armeen lernen gut.

Der siegreiche Zarismus ist gezwungen, die Überreste der vorbürgerlichen, patriarchalischen Lebensformen in Rußland in beschleunigtem Tempo zu zerstören. Die bürgerliche Entwicklung Rußlands schreitet erfreulich rasch vorwärts. Die Illusionen, daß man außerhalb der Klassen, über den Klassen stehen könne, die Illusionen, daß es möglich sei, den Kapitalismus zu vermeiden, zerstieben wie Spreu im Winde. Der Klassenkampf tritt auf ganz neue Art und um so deutlicher in Erscheinung.

Revolutionäre Parteien müssen stets zulernen. Sie haben gelernt anzugreifen. Jetzt gilt es zu begreifen, daß diese Wissenschaft ergänzt werden muß durch die Wissenschaft, wie man sich richtig zurückzieht. Es gilt zu begreifen – und die revolutionäre Klasse lernt aus eigener bitterer Erfahrung begreifen – daß man nicht siegen kann, wenn man nicht gelernt hat, richtig anzugreifen und sich richtig zurückzuziehen. Von allen geschlagenen oppositionellen und revolutionären Parteien haben sich die Bolschewiki in größter Ordnung zurückgezogen, mit geringsten Verlusten für ihre „Armee", bei größter Erhaltung ihres Kerns, unter geringsten Spaltungen (ihrer Tiefe und Unheilbarkeit nach), geringster Demoralisation und größter Fähigkeit, die Arbeit möglichst umfassend, richtig und energisch wiederaufzunehmen. Und die Bolschewiki haben das nur erreicht, weil sie die Revolutionäre der Phrase schonungslos entlarvten und davonjagten, die nicht begreifen wollten, daß man den Rückzug antreten und es verstehen muß, den Rückzug durchzuführen, daß man unbedingt lernen muß, selbst in den reaktionärsten Parlamenten, in den reaktionärsten Gewerkschaften, Genossenschaften, Versicherungskassen und ähnlichen Organisationen legal zu arbeiten.

Die Jahre des Aufschwungs (1910-1914)

Anfänglich vollzog sich der Aufschwung unglaublich langsam, später, nach den Ereignissen an der Lena im Jahre 1912, etwas schneller. Unter Überwindung unerhörter Schwierigkeiten drängten die Bolschewiki die Menschewiki zurück, deren Rolle als bürgerliche Agenten in der Arbeiterbewegung von der gesamten Bourgeoisie nach 1905 ausgezeichnet verstanden wurde und die deshalb von der gesamten Bourgeoisie auf tausendfache Art und Weise gegen die Bolschewiki unterstützt wurden. Den Bolschewiki wäre es jedoch niemals gelungen, das zu erreichen, hätten sie nicht die richtige Taktik angewandt, die illegale Arbeit mit unbedingter Ausnutzung der „legalen Möglichkeiten" zu verbinden. In der erzreaktionären Duma eroberten die Bolschewiki die ganze Arbeiterkurie.

Der erste imperialistische Weltkrieg (1914-1917)

Der legale Parlamentarismus leistet der Partei des revolutionären Proletariats, den Bolschewiki, infolge des Umstands, daß das „Parlament" äußerst reaktionär ist, überaus nützliche Dienste. Die bolschewistischen Deputierten wandern nach Sibirien. In unserer Emigrantenpresse kommen alle Schattierungen der Auffassungen des Sozialimperialismus, des Sozialchauvinismus, des Sozialpatriotismus, des inkonsequenten und des konsequenten Internationalismus, des Pazifismus und der revolutionären Ablehnung der pazifistischen Illusionen voll zum Ausdruck. Die gelehrten Dummköpfe und alten Weiber der II. Internationale, die über die Unmenge von „Fraktionen" im russischen Sozialismus und über den erbitterten Kampf unter ihnen verächtlich und hochmütig die Nase gerümpft hatten, waren, als der Krieg sie in allen fortgeschrittenen Ländern der vielgepriesenen „Legalität" beraubte, unfähig, auch nur annähernd einen so freien (illegalen) Meinungsaustausch und eine so freie (illegale) Herausarbeitung der richtigen Auffassungen zu organisieren, wie das die russischen Revolutionäre in der Schweiz und in einer Reihe anderer Länder getan haben. Gerade deshalb haben sich sowohl die offenen Sozialpatrioten als auch die „Kautskyaner" aller Länder als die schlimmsten Verräter des Proletariats erwiesen. Und wenn der Bolschewismus in den Jahren 1917-1920 zu siegen vermochte, so liegt eine der Hauptursachen dieses Sieges darin, daß der Bolschewismus die Widerwärtigkeit, Schändlichkeit und Niedertracht des Sozialchauvinismus und des „Kautskyanertums" (dem die Richtung Longuets[8] in Frankreich, die Ansichten der Führer der Unabhängigen Ar-

---

8 Richtung Longuets – eine zentristische Minderheit, die sich 1915 in der
   französischen Sozialistischen Partei herausbildete. Während des ersten Weltkriegs
   vertraten die Longuetisten einen sozialpazifistischen Standpunkt. Nach dem Sieg der

beiterpartei[9] und der Fabier[10] in England, Turatis in Italien usw. entsprechen) bereits seit Ende 1914 schonungslos entlarvte, die Massen aber sich nachher durch eigene Erfahrung immer mehr davon überzeugten, daß die Auffassungen der Bolschewiki richtig waren.

Die zweite Revolution in Rußland (von Februar bis Oktober 1917)

Der unglaublich überalterte und überlebte Zarismus hatte (mit Hilfe der Schläge und Lasten des äußerst qualvollen Krieges) eine ungeheure Kraft der Zerstörung erzeugt, die sich gegen ihn richtete. In wenigen Tagen verwandelte sich Rußland in eine demokratische bürgerliche Republik, die – unter den Verhältnissen des Krieges – freier war als ein beliebiges anderes Land der Welt. Die Regierung wurde nun – wie in den ausgesprochen „streng parlamentarischen" Republiken – von den Führern der oppositionellen und revolutionären Parteien gebildet, wobei der Ruf, Führer einer Oppositionspartei im Parlament, und sei es auch in dem allerreaktionärsten Parlament, gewesen zu sein, es einem solchen Führer erleichterte, später eine Rolle in der Revolution zu spielen.

Die Menschewiki und die „Sozialrevolutionäre" eigneten sich in wenigen Wochen alle Methoden und Manieren, alle Argumente und Sophismen der europäischen Helden der II. Internationale, der Ministerialisten und des

---

Großen Sozialistischen Oktoberrevolution in Rußland bekannten sie sich zwar in Worten zur Diktatur des Proletariats, blieben ihr aber in Wirklichkeit feindlich gesinnt. Sie setzten die Politik der Versöhnung mit den Sozialchauvinisten fort und billigten den Raubfrieden von Versailles. Als die revolutionäre Mehrheit auf dem Parteitag in Tours (Dezember 1920) die Gründung der Kommunistischen Partei und den Anschluß an die Kommunistische Internationale beschloß, spalteten sich die Longuetisten zusammen mit den offenen Reformisten von der Partei ab und bildeten eine selbständige Partei.

9   Die Unabhängige Arbeiterpartei Englands (Independent Labour Party) wurde 1893 gegründet. An der Spitze der Partei standen James Keir Hardie, R. MacDonald und andere. Sie erhob Anspruch auf politische Unabhängigkeit von den bürgerlichen Parteien, war jedoch in Wirklichkeit „'unabhängig' nur vom Sozialismus, aber vom Liberalismus sehr abhängig" (Lenin).

10 Fabier – Mitglieder der „Gesellschaft der Fabier", einer reformistischen Organisation, die 1884 in England von einer Gruppe bürgerlicher Intellektueller gegründet worden war. Eine Charakteristik der Fabier findet sich in folgenden Schriften Lenins: *Vorwort zur russischen Übersetzung des Buches* **Briefe und Auszüge aus Briefen von Joh. Phil. Becker, Jos. Dietzgen, Friedrich Engels, Karl Marx u. A. an F.A. Sorge und Andere** (**Werke**, Bd.12, S.368/369); „Das Agrarprogramm der Sozialdemokratie in der russischen Revolution" (**Werke**, Bd.15, S.171); „Der englische Pazifismus und die englische Abneigung gegen die Theorie" (**Werke**, Bd.21, S.258) u.a.

sonstigen opportunistischen Gelichters vortrefflich an. Alles, was wir jetzt über die Scheidemänner und Noske, über Kautsky und Hilferding, über Renner und Austerlitz, über Otto Bauer und Fritz Adler, über Turati und Longuet, über die Fabier und die Führer der Unabhängigen Arbeiterpartei in England lesen, alles das scheint uns eine langweilige Wiederholung, ein Nachleiern bekannter und alter Melodien zu sein (und ist es in der Tat). Alles das haben wir schon bei den Menschewiki gesehen. Die Geschichte hat sich einen Scherz erlaubt und die Opportunisten eines rückständigen Landes genötigt, den Opportunisten einer Reihe von fortgeschrittenen Ländern zuvorzukommen.

Wenn alle die Helden der II. Internationale Bankrott erlitten und sich in der Frage nach der Bedeutung und Rolle der Sowjets und der Sowjetmacht blamiert haben, wenn sich in dieser Frage die Führer der drei jetzt aus der II. Internationale ausgetretenen sehr wichtigen Parteien (nämlich der Unabhängigen Sozialdemokratischen Partei Deutschlands[11], der französischen Longuetisten und der englischen Unabhängigen Arbeiterpartei) besonders „glänzend" blamiert und verheddert haben, wenn sie alle sich als Sklaven der Vorurteile der kleinbürgerlichen Demokratie (ganz im Geiste der Kleinbürger von 1848, die sich „Sozial-Demokraten" nannten) erwiesen haben, so haben wir das alles schon am Beispiel der Menschewiki gesehen. Die Geschichte hat sich den Scherz erlaubt, daß in Rußland 1905 Sowjets entstanden, daß sie von Februar bis Oktober 1917 von den Menschewiki verfälscht wurden, die Bankrott machten, weil sie die Rolle und Bedeutung der Sowjets nicht zu begreifen vermochten, und daß nunmehr die Idee der Sowjetmacht in der ganzen Welt geboren worden ist und sich mit unerhörter Schnelligkeit unter dem Proletariat aller Länder verbreitet, wobei die alten Helden der II. Internationale infolge ihrer Unfähigkeit, die Rolle und Bedeutung der Sowjets zu begreifen, überall ebenso Bankrott machen wie unsere Menschewiki. Die Erfahrung hat bewiesen, daß in einigen sehr wesentlichen Fragen der proletarischen Revolution alle Länder unvermeidlich dasselbe werden durchmachen müssen, was Rußland durchgemacht hat.

---

11 Unabhängige Sozialdemokratische Partei Deutschlands – im April 1917 gegründete Arbeiterpartei mit zentristischer Führung, deren Kern die „Sozialdemokratische Arbeitsgemeinschaft" bildete. Im Oktober 1920 kam es auf dem Parteitag der USPD in Halle zur Spaltung. Ein beträchtlicher Teil der Partei vereinigte sich im Dezember 1920 mit der Kommunistischen Partei Deutschlands. Der rechte Teil bildeten eine eigene Partei und behielten die alte Bezeichnung Unabhängige Sozialdemokratische Partei bei. 1922 schlossen sie sich wieder der Sozialdemokratischen Partei Deutschlands an.

Ihren siegreichen Kampf gegen die parlamentarische (faktisch) bürgerliche Republik und gegen die Menschewiki haben die Bolschewiki sehr vorsichtig begonnen und gar nicht so einfach vorbereitet – entgegen den Auffassungen, die man jetzt mitunter in Europa und Amerika antrifft. Zu Beginn der erwähnten Periode forderten wir nicht zum Sturz der Regierung auf, sondern schafften Klarheit darüber, daß ihr Sturz ohne vorherige Veränderungen in der Zusammensetzung und Stimmung der Sowjets unmöglich ist. Wir proklamierten nicht den Boykott des bürgerlichen Parlaments, der Konstituante, sondern sagten – seit der Aprilkonferenz (1917) unserer Partei sagten wir es offiziell im Namen der Partei -, daß eine bürgerliche Republik mit einer Konstituante besser ist als eine solche Republik ohne Konstituante, daß aber eine „Arbeiter- und Bauernrepublik", eine Sowjetrepublik, besser ist als jedwede bürgerlich-demokratische, parlamentarische Republik. Ohne diese vorsichtige, gründliche, umsichtige und langwierige Vorbereitung hätten wir weder den Sieg im Oktober 1917 erringen noch diesen Sieg behaupten können.

IV. Im Kampf mit welchen Feinden innerhalb der Arbeiterbewegung hat sich der Bolschewismus entwickelt, gekräftigt und gestählt?

Erstens und hauptsächlich im Kampf gegen den Opportunismus, der sich 1914 endgültig zum Sozialchauvinismus auswuchs, der endgültig auf die Seite der Bourgeoisie überging und sich gegen das Proletariat wandte. Das war natürlich der Hauptfeind des Bolschewismus innerhalb der Arbeiterbewegung. Dieser Feind bleibt auch der Hauptfeind im internationalen Maßstab. Diesem Feind hat der Bolschewismus stets die größte Aufmerksamkeit gewidmet und tut es auch heute. Über diese Seite der Tätigkeit der Bolschewiki ist man jetzt auch im Ausland schon ziemlich gut unterrichtet.

Etwas anderes muß von einem anderen Feind des Bolschewismus innerhalb der Arbeiterbewegung gesagt werden. Im Ausland ist es noch allzu wenig bekannt, daß sich der Bolschewismus entwickelt, formiert und gestählt hat im langjährigen Kampf gegen den kleinbürgerlichen Revolutionarismus, der dem Anarchismus ähnelt oder manches von ihm entlehnt und der in allem, aber auch allem Wesentlichen von den Bedingungen und Erfordernissen des konsequenten proletarischen Klassenkampfes abweicht. Theoretisch gilt es für Marxisten als durchaus feststehend und durch die Erfahrungen aller europäischen Revolutionen und revolutionären Bewegungen vollauf bestätigt, daß der Kleineigentümer, der Kleinbesitzer (ein sozialer Typus, der in vielen europäischen Ländern sehr weit, ja massenhaft verbreitet ist), weil er unter dem Kapitalismus ständiger Unterdrückung und sehr oft einer unglaublich krassen und raschen Verschlechterung der Lebenshaltung und dem Ruin ausgesetzt ist, leicht in extremen Revolutionarismus verfällt, aber nicht fähig ist, Ausdauer, Organisiertheit, Disziplin und Standhaftigkeit an den Tag zu legen. Der durch die Schrecken des Kapitalismus „wild gewordene" Kleinbürger ist eine soziale Erscheinung, die ebenso wie der Anarchismus allen kapitalistischen Ländern eigen ist. Die Unbeständigkeit dieses Revolutionarismus, seine Unfruchtbarkeit, seine Eigenschaft, schnell in Unterwürfigkeit, Apathie und Phantasterei umzuschlagen, ja sich von dieser oder jener bürgerlichen Modeströmung bis zur „Tollheit" fortreißen zu lassen – all das ist allgemein bekannt. Aber die theoretische, abstrakte Anerkennung dieser Wahrheiten bewahrt die revolutionären Parteien noch keineswegs vor den alten Fehlern, die stets aus unerwarteten Anlässen, in etwas neuer Form, in früher noch nicht gekannter Verhüllung oder Umgebung, unter originellen – mehr oder weniger originellen – Umständen auftreten.

Der Anarchismus war nicht selten eine Art Strafe für die opportunistischen Sünden der Arbeiterbewegung. Beide Auswüchse ergänzten einander. Und wenn der Anarchismus in Rußland, obwohl der Anteil des Kleinbürgertums an der Bevölkerung größer ist als in den westeuropäischen Ländern, während der beiden Revolutionen (1905 und 1917) und während der Vorbereitung zu ihnen einen verhältnismäßig geringfügigen Einfluß ausübte, so muß das zweifellos zum Teil dem Bolschewismus als Verdienst angerechnet werden, der stets den rücksichtslosesten und unversöhnlichsten Kampf gegen den Opportunismus geführt hat. Ich sage „zum Teil', denn von noch größerer Bedeutung für die Schwächung des Anarchismus in Rußland war der Umstand, daß er in der Vergangenheit (in den siebziger Jahren des 19. Jahrhunderts) die Möglichkeit hatte, sich ungewöhnlich üppig zu entfalten und seine Unrichtigkeit, seine Untauglichkeit als führende Theorie der revolutionären Klasse restlos zu offenbaren.

Der Bolschewismus hat bei seiner Entstehung 1903 die Tradition des schonungslosen Kampfes gegen den kleinbürgerlichen, halbanarchistischen (oder zum Liebäugeln mit dem Anarchismus neigenden) Revolutionarismus übernommen. Diese Tradition ist stets in der revolutionären Sozialdemokratie lebendig gewesen und hat sich bei uns in den Jahren 1900 bis 1903, als das Fundament der Massenpartei des revolutionären Proletariats in Rußland gelegt wurde, besonders gefestigt. In drei Hauptpunkten nahm der Bolschewismus den Kampf auf gegen die Partei, die am meisten die Tendenzen des kleinbürgerlichen Revolutionarismus verkörperte, nämlich gegen die Partei der „Sozialrevolutionäre", und setzte diesen Kampf fort. Erstens wollte (oder richtiger wohl: konnte) diese Partei, die den Marxismus ablehnte, durchaus nicht begreifen, daß es notwendig ist, vor jeder politischen Aktion die Klassenkräfte und ihre Wechselbeziehungen streng objektiv abzuwägen. Zweitens hielt sich diese Partei für besonders „revolutionär" oder „linksradikal", weil sie für den individuellen Terror, für Attentate war, was wir Marxisten entschieden ablehnten. Selbstverständlich lehnten wir den individuellen Terror nur aus Gründen der Zweckmäßigkeit ab; Leute aber, die es fertigbrächten, den Terror der Großen Französischen Revolution oder überhaupt den Terror einer siegreichen und von der Bourgeoisie der ganzen Welt bedrängten revolutionären Partei „prinzipiell" zu verurteilen, solche Leute hat bereits Plechanow in den Jahren 1900-1903, als er Marxist und Revolutionär war, dem

Spott und der Verachtung preisgegeben. Drittens glaubten die „Sozialrevolutionäre", „linksradikal" zu sein, weil sie über verhältnismäßig geringfügige opportunistische Sünden der deutschen Sozialdemokratie kicherten, während sie gleichzeitig die extremen Opportunisten dieser selben Partei, z.B. in der Agrarfrage oder in der Frage der Diktatur des Proletariats, nachahmten.

Nebenbei bemerkt hat die Geschichte jetzt in großem, welthistorischem Maßstab die Ansicht bestätigt, die wir stets verfochten haben, nämlich daß die revolutionäre deutsche Sozialdemokratie (man beachte, daß bereits Plechanow in den Jahren 1900-1903 den Ausschluß Bernsteins aus der Partei forderte und daß die Bolschewiki, die stets diese Tradition fortsetzten, 1913 die ganze Niedrigkeit, Gemeinheit und Verräterei Legiens enthüllten) – daß die revolutionäre deutsche Sozialdemokratie der Partei am nächsten kam, wie sie das revolutionäre Proletariat braucht, um siegen zu können. Jetzt, im Jahre 1920, nach all den schmachvollen Bankrotten und Krisen der Kriegszeit und der ersten Nachkriegsjahre, ist deutlich zu sehen, daß von allen Parteien des Westens gerade die deutsche revolutionäre Sozialdemokratie die besten Führer hervorgebracht und sich auch schneller erholt hat, schneller genesen und wiedererstarkt ist als die anderen. Das sieht man sowohl am Spartakusbund[12] als auch am linken, proletarischen

---

12 Spartakusbund – Lenin meint die Kommunistische Partei Deutschlands (Spartakusbund). Bereits zu Beginn des imperialistischen Weltkriegs (1914 bis 1918) hatten sich die deutschen Linken unter Führung von Karl Liebknecht, Rosa Luxemburg, Franz Mehring, Clara Zetkin, Wilhelm Pieck u.a. zur Gruppe „Internationale" zusammengeschlossen. Diese Gruppe formierte sich auf ihrer Reichskonferenz im Januar 1916 als „Spartakusgruppe" und nahm als Programm zur revolutionären Beendigung des Krieges die von Rosa Luxemburg und Karl Liebknecht entworfenen *Leitsätze über die Aufgaben der internationalen Sozialdemokratie* an. Die Spartakusgruppe, deren großes historisches Verdienst darin besteht, den Grundstein für die Kommunistische Partei Deutschlands gelegt zu haben, trieb unter den Massen revolutionäre Propaganda und organisierte Massenaktionen gegen den imperialistischen Krieg; sie entlarvte die Eroberungspolitik des deutschen Imperialismus und den Verrat der opportunistischen sozialdemokratischen Führer. Sie war die ideologisch führende Kraft unter den deutschen Linken. In wichtigen theoretischen und politischen Fragen waren die Spartakusanhänger jedoch nicht frei von ernsten Fehlern. Sie unterschätzten die Rolle der nationalen Frage im Imperialismus sowie die Bauernschaft als Verbündeten des Proletariats. Die Unklarheit der Spartakusgruppe über die Rolle einer selbständigen marxistischen Kampfpartei der Arbeiterklasse äußerte sich darin, daß sie sich 1917 – wenn auch mit dem Vorbehalt, ihre politisch-ideologische Selbständigkeit zu wahren – der zentristischen USPD anschloß. Lenin hob die großen Verdienste der deutschen Linken im Kampf gegen den imperialistischen Krieg stets hervor, übte aber zugleich Kritik an ihren Fehlern, u.a. in seinen Schriften *Über die* **Junius-Broschüre** (siehe

Flügel der „Unabhängigen Sozialdemokratischen Partei Deutschlands", der einen unentwegten Kampf gegen den Opportunismus und die Charakterlosigkeit der Kautsky, Hilferding, Ledebour und Crispien führt. Wirft man jetzt einen Gesamtblick auf eine vollständig abgeschlossene Geschichtsperiode, nämlich die von der Pariser Kommune bis zur ersten Sozialistischen Sowjetrepublik, so zeichnet sich das Verhältnis des Marxismus zum Anarchismus überhaupt in ganz bestimmten, scharf ausgeprägten Umrissen ab. Der Marxismus hat zu guter Letzt recht behalten, und wenn die Anarchisten mit Recht auf den opportunistischen Charakter der in den meisten sozialistischen Parteien herrschenden Auffassungen vom Staat hinwiesen, so beruhte erstens dieser Opportunismus auf einer Entstellung und sogar direkten Unterschlagung der Marxschen Auffassungen vom Staat (in meinem Buch „Staat und Revolution" habe ich festgestellt, daß Bebel einen Brief von Engels, der den Opportunismus der landläufigen sozialdemokratischen Anschauungen über den Staat besonders prägnant, scharf, offen und klar enthüllt, 36 Jahre lang, von 1875 bis 1911, in der Schublade verborgen hielt), und zweitens erfolgte die Korrektur dieser opportunistischen Auffassungen, die Anerkennung der Sowjetmacht und ihrer Überlegenheit über die bürgerliche parlamentarische Demokratie, am schnellsten und umfassendsten gerade aus der Mitte der Strömungen, die in den europäischen und amerikanischen sozialistischen Parteien am meisten marxistisch waren.

In zwei Fällen nahm der Kampf des Bolschewismus gegen die Abweichungen nach „links" in der eigenen Partei einen besonders großen Umfang an: im Jahre 1908, als es um die Frage ging, ob man an dem erzreaktionären „Parlament" und an den durch erzreaktionäre Gesetze eingeschnürten legalen Arbeitervereinen teilnehmen solle, und im Jahre 1918 (Frieden von Brest-Litowsk), als es um die Frage ging, ob das eine oder andere „Kompromiß" zulässig sei.

Im Jahre 1908 wurden die „linken" Bolschewiki aus unserer Partei ausgeschlossen, weil sie sich hartnäckig weigerten, die Notwendigkeit der Betei-

---

Werke, Bd.22, S.310-325) und *Das Militärprogramm der proletarischen Revolution* (siehe Werke, Bd.23, S.72-83). Die kameradschaftliche Kritik half der Spartakusgruppe, sich den Leninschen Anschauungen über den antiimperialistischen Kampf zu nähern. Auf ihrer Reichskonferenz am 7. Oktober 1918 beschloß die Spartakusgruppe das Programm der herannahenden Revolution, in der sie sich zusammen mit anderen Linken als einzige ziel- und richtunggebende Kraft bewährte. Während der Novemberrevolution 1918 brach die Spartakusgruppe auch organisatorisch mit der USPD und gründete Ende Dezember desselben Jahres die Kommunistische Partei Deutschlands (Spartakusbund).

ligung an dem erzreaktionären „Parlament" einzusehen. Die „Linken", unter denen es viele vortreffliche Revolutionäre gab, die später wieder verdiente Mitglieder der Kommunistischen Partei waren (und es auch weiterhin sind), stützten sich insbesondere auf die guten Erfahrungen mit dem Boykott im Jahre 1905. Als der Zar im August 1905 die Einberufung eines beratenden „Parlaments" verkündete, erklärten die Bolschewiki, im Gegensatz zu allen Oppositionsparteien und auch zu den Menschewiki, den Boykott dieses Parlaments, und die Revolution vom Oktober 1905 fegte es in der Tat hinweg. Damals war der Boykott richtig, nicht weil es schlechthin richtig wäre, sich an reaktionären Parlamenten nicht zu beteiligen, sondern weil die objektive Lage richtig eingeschätzt worden war, die zu einer schnellen Umwandlung der Massenstreiks in den politischen, dann in den revolutionären Streik und schließlich in den Aufstand führte. Außerdem ging der Kampf damals darum, ob man die Einberufung der ersten Vertretungskörperschaft dem Zaren überlassen oder ob man versuchen sollte, diese Einberufung den Händen der alten Staatsmacht zu entreißen. Da keine Gewißheit darüber bestand und bestehen konnte, daß eine analoge objektive Lage eintreten und daß sie sich in der gleichen Richtung und im gleichen Tempo entwickeln würde, hörte der Boykott auf, richtig zu sein.

Der bolschewistische Boykott des „Parlaments" im Jahre 1905 hat das revolutionäre Proletariat um eine außerordentlich wertvolle politische Erfahrung bereichert, indem er zeigte, daß es bei Kombinierung von legalen und illegalen, parlamentarischen und außerparlamentarischen Kampfformen bisweilen nützlich, ja sogar notwendig ist, daß man es versteht, auf die parlamentarischen Kampfformen zu verzichten. Aber ein blindes, nachäffendes, kritikloses Übertragen dieser Erfahrung auf andere Verhältnisse, auf eine andere Situation ist ein schwerer Fehler. Der Boykott der „Duma" durch die Bolschewiki im Jahre 1906 war bereits ein Fehler, wenn auch ein kleiner, leicht korrigierbarer[13] Fehler. Ein sehr ernster und schwer korrigierbarer Fehler war der Boykott in den Jahren 1907, 1908 und in den darauffolgenden Jahren, als einerseits ein besonders rasches Ansteigen der revolutionären Welle und deren Umschlagen in einen Aufstand nicht zu erwarten war und als sich andererseits aus der ganzen historischen Situation der sich erneuernden bürgerlichen Monarchie die Notwendigkeit ergab, legale und illegale Arbeit miteinander zu kombinieren. Blickt man jetzt auf die vollständig abgeschlossene historische Periode zurück, deren Zusam-

---

13 Für die Politik und die Parteien gilt – mit entsprechenden Änderungen dasselbe, was für einzelne Personen gilt. Klug ist nicht, wer keine Fehler macht. Solche Menschen gibt es nicht und kann es nicht geben. Klug ist, wer keine allzu wesentlichen Fehler macht und es versteht, sie leicht und rasch zu korrigieren.

menhang mit den folgenden Perioden schon offen zutage liegt, so wird es besonders klar, daß die Bolschewiki nicht imstande gewesen wären, in den Jahren 1908-1914 den festen Kern der revolutionären Partei des Proletariats zusammenzuhalten (geschweige denn ihn zu kräftigen, zu entwickeln, zu verstärken), wenn sie nicht in härtestem Kampf die Auffassung durchgesetzt hätten, daß man unbedingt die legalen mit den illegalen Kampfformen kombinieren muß und daß man sich unbedingt an dem erzreaktionären Parlament und an einer Reihe anderer von reaktionären Gesetzen eingeschnürten Institutionen (Versicherungskassen u.dgl.) beteiligen muß.

Im Jahre 1918 kam es nicht bis zur Spaltung. Die „linken" Kommunisten bildeten damals, und zwar nicht für lange, nur eine besondere Gruppe oder „Fraktion" innerhalb unserer Partei. In demselben Jahr 1918 gaben die namhaftesten Vertreter des „linken Kommunismus", z.B. die Genossen Radek und Bucharin, offen ihren Fehler zu. Sie hatten geglaubt, der Brester Frieden wäre ein für die Partei des revolutionären Proletariats prinzipiell unzulässiges und schädliches Kompromiß mit den Imperialisten. Das war in der Tat ein Kompromiß mit den Imperialisten, aber gerade ein solches Kompromiß, das unter den gegebenen Umständen unbedingt notwendig war.

Wenn ich heutzutage höre, wie unsere Taktik bei der Unterzeichnung des Brester Friedens beispielsweise von den „Sozialrevolutionären" angegriffen wird, oder wenn ich die Bemerkung des Genossen Lansbury höre, die er in einer Unterhaltung mit mir machte: *„Unsere englischen Trade-Union-Führer sagen, daß Kompromisse auch für sie zulässig sind, wenn sie für den Bolschewismus zulässig waren"*, so antworte ich gewöhnlich zunächst mit einem einfachen und „populären" Vergleich:

Stellen Sie sich vor, daß Ihr Automobil von bewaffneten Banditen angehalten worden ist. Sie geben ihnen Ihr Geld, Ihren Paß, Ihren Revolver, Ihren Wagen. Sie werden von der angenehmen Gesellschaft der Banditen erlöst. Das ist zweifellos ein Kompromiß. „Do ut des." ("Ich gebe" dir mein Geld, meine Waffe, meinen Wagen, „damit du" mir die Möglichkeit „gibst", mich wohlbehalten aus dem Staube zu machen.) Es dürfte indes schwerfallen, einen Menschen zu finden, der bei gesundem Verstand ein derartiges Kompromiß für „prinzipiell unzulässig" oder aber die Person, die ein solches Kompromiß geschlossen hat, für einen Komplicen der Banditen erklären würde (obgleich die Banditen, nachdem sie im Automobil Platz genommen hatten, den Wagen und die Waffe für weitere Raubüberfälle benutzen konnten). Unser Kompromiß mit den Banditen des deutschen Imperialismus glich einem solchen Kompromiß.

Als aber die Menschewiki und die Sozialrevolutionäre in Rußland, die Scheidemänner (und in erheblichem Maße auch die Kautskyaner) in Deutschland, Otto Bauer und Friedrich Adler (ganz zu schweigen von den Herren Renner und Co.) in Österreich, die Renaudel, Longuet und Co. in Frankreich, die Fabier, die „Unabhängigen" und die „Trudowiki" („Labouristen"[14] in England in den Jahren 1914-1918 und 1918-1920 Kompromisse mit den Banditen ihrer eigenen, bisweilen aber auch mit denen der „alliierten" Bourgeoisie gegen das revolutionäre Proletariat ihres Landes schlossen, da handelten alle diese Herren wie Komplicen des Banditentums.

Die Schlußfolgerung ist klar: Kompromisse „prinzipiell" abzulehnen, jedwede Zulässigkeit von Kompromissen ‚welcherart sie auch seien, schlechthin zu verneinen, ist eine Kinderei, die man schwerlich ernst nehmen kann. Ein Politiker, der dem revolutionären Proletariat nützlich sein möchte, muß es verstehen, die konkreten Fälle gerade solcher Kompromisse herauszugreifen, die unzulässig sind, in denen Opportunismus und Verrat ihren Ausdruck finden, die ganze Wucht der Kritik, die ganze Schärfe der schonungslosen Entlarvung und des unversöhnlichen Krieges gegen diese **konkreten** Kompromisse zu richten und den gerissenen „geschäftstüchtigen" Sozialisten und parlamentarischen Jesuiten nicht zu erlauben, sich durch Betrachtungen über „Kompromisse schlechthin" herauszuwinden und der Verantwortung zu entziehen. Die Herren englischen „Führer" der Trade-Unions sowie der Fabier-Gesellschaft und der „Unabhängigen" Arbeiterpartei drücken sich gerade auf diese Weise vor der Verantwortung für den von ihnen begangenen Verrat, für ein solches von ihnen eingegangenes Kompromiß, das in Wirklichkeit den schlimmsten Opportunismus, Treubruch und Verrat bedeutet.

Es gibt Kompromisse und Kompromisse. Man muß es verstehen, die Umstände und die konkreten Bedingungen jedes Kompromisses oder jeder Spielart eines Kompromisses zu analysieren. Man muß es lernen, den Menschen, der den Banditen Geld und Waffen gegeben hat, um das Übel, das die Banditen stiften, zu verringern und ihre Ergreifung und Erschießung zu erleichtern, von dem Menschen zu unterscheiden, der den Banditen Geld und Waffen gibt, um sich an der Teilung der Banditenbeute zu beteiligen. In der Politik ist das bei weitem nicht immer so leicht wie in dem angeführten kindlich einfachen Beispiel. Wer es sich aber einfallen ließe, für die Arbeiter ein Rezept zu erfinden, das im voraus fertige Entscheidungen für alle Fälle des Lebens gäbe, oder verspräche, daß es in der Politik des revolutionären Proletariats keine Schwierigkeiten und keine ver-

---

14 „Labouristen" – die Mitglieder der englischen Labour Party (Arbeiterpartei).

wickelten Situationen geben werde, der wäre einfach ein Scharlatan. Um allen Mißdeutungen vorzubeugen, will ich versuchen, wenn auch nur ganz knapp, einige Grundsätze für die Analyse konkreter Kompromisse aufzustellen.

Die Partei, die mit den deutschen Imperialisten das Kompromiß schloß, das in der Unterzeichnung des Brester Friedens bestand, hatte sich ihren Internationalismus seit Ende 1914 durch die Tat erarbeitet. Sie fürchtete sich nicht, die Niederlage der Zarenmonarchie zu proklamieren und die „Vaterlandsverteidigung" in dem Krieg zwischen zwei imperialistischen Räubern zu brandmarken. Die Parlamentsabgeordneten dieser Partei wanderten nach Sibirien, anstatt den Pfad zu beschreiten, der zu Ministersesseln in einer bürgerlichen Regierung führt. Die Revolution, die den Zarismus stürzte und die demokratische Republik schuf, bedeutete für diese Partei eine neue, gewaltige Probe: Die Partei ließ sich auf keine Vereinbarungen mit „ihren" Imperialisten ein, sondern bereitete deren Sturz vor und stürzte sie auch. Nachdem diese Partei die politische Macht ergriffen hatte, ließ sie von dem gutsherrlichen wie dem kapitalistischen Eigentum keinen Stein auf dem anderen. Nachdem diese Partei die Geheimverträge der Imperialisten veröffentlicht und zerrissen hatte, schlug sie allen Völkern den Frieden vor und fügte sich der Gewalt der Räuber von Brest erst dann, als die englischen und französischen Imperialisten den Frieden vereitelt und die Bolschewiki alles menschenmögliche getan hatten, um die Revolution in Deutschland und in anderen Ländern zu beschleunigen. Die absolute Richtigkeit eines solchen Kompromisses, das von einer solchen Partei unter solchen Umständen geschlossen wurde, wird mit jedem Tag klarer und offenkundiger für alle.

Die Menschewiki und die Sozialrevolutionäre in Rußland (ebenso wie alle Führer der II. Internationale in der ganzen Welt in den Jahren 1914 bis 1920) begannen den Verrat, indem sie direkt oder indirekt die „Vaterlandsverteidigung", d.h. die Verteidigung ihrer räuberischen Bourgeoisie rechtfertigten. Sie setzten den Verrat fort, indem sie mit der Bourgeoisie ihres Landes eine Koalition eingingen und im Verein mit ihrer Bourgeoisie gegen das revolutionäre Proletariat ihres Landes kämpften. Ihr Block, zuerst mit Kerenski und den Kadetten, dann mit Koltschak und Denikin in Rußland, wie auch der Block ihrer ausländischen Gesinnungsgenossen mit der Bourgeoisie ihrer Länder, war ein Übergang auf die Seite der Bourgeoisie gegen das Proletariat. Ihr Kompromiß mit den Banditen des Imperialismus bestand von Anfang bis zu Ende darin, daß sie sich zu Komplicen des imperialistischen Banditentums machten.

V. Der „linke" Kommunismus in Deutschland

Führer – Partei – Klasse – Masse

Die deutschen Kommunisten, von denen wir jetzt sprechen müssen, nennen sich nicht „Linke", sondern – wenn ich nicht irre – „grundsätzliche Opposition". Daß sie aber durchaus die Symptome der „Kinderkrankheit des linken Radikalismus" aufweisen, wird aus der weiteren Darlegung ersichtlich.

Die von der „Ortsgruppe Frankfurt a.M." herausgegebene kleine Broschüre **Die Spaltung der KPD (Spartakusbund)**, die den Standpunkt dieser Opposition vertritt, legt im höchsten Grade plastisch, präzis, klar und knapp den Wesenskern der Auffassungen dieser Opposition dar. Einige Zitate werden genügen, um den Leser mit diesem Wesenskern bekannt zu machen:

> „Die Kommunistische Partei ist die Partei des entschiedensten Klassenkampfes ..."

> „Politisch stellt sich diese Zwischenzeit' (zwischen Kapitalismus und Sozialismus) dar als die Periode der proletarischen Diktatur."

> „Nun aber entsteht die Frage: wer soll die Diktatur ausüben: **die kommunistische Partei oder die proletarische Klasse?** ... ist grundsätzlich die Diktatur der Kommunistischen Partei oder die Diktatur der proletarischen Klasse zu erstreben?" (Hervorhebung wie im Original.)

Im weiteren beschuldigt der Verfasser der Broschüre die „Zentrale" der Kommunistischen Partei Deutschlands, daß sie Wege zur Koalition mit der Unabhängigen Sozialdemokratischen Partei Deutschlands suche und daß diese „Zentrale" die Frage *„der grundsätzlichen Anerkennung aller politischen Mittel"* des Kampfes, auch des Parlamentarismus, nur aufgeworfen habe, um ihre wahren und hauptsächlichen Bestrebungen nach einer Koalition mit den Unabhängigen zu verhüllen. Dann fährt die Broschüre fort:

> „Die Opposition entschied sich für einen anderen Weg. Sie ist der Meinung, daß es sich bei der Frage der kommunistischen Parteiherrschaft und Parteidiktatur nur um eine Frage der Taktik handelt. Jedenfalls stellt die kommunistische Par-

teiherrschaft die letzte Form aller Parteiherrschaft dar. Grundsätzlich muß die Diktatur der proletarischen Klasse erstrebt werden. Und alle Maßnahmen der Partei, ihre Organisationen, ihre Kampfform, ihre Strategie und Taktik sind darauf einzustellen. Demzufolge ist jeder Kompromiß mit anderen Parteien, jede Rückkehr zu den historisch und politisch erledigten Kampfformen des Parlamentarismus, jede Politik des Lavierens und Paktierens mit aller Entschiedenheit abzulehnen. Die spezifisch proletarischen Methoden des revolutionären Kampfes sind mit Nachdruck zu betonen. Und für die Erfassung weitester proletarischer Kreise und Schichten, die in dem revolutionären Kampf unter Führung der Kommunistischen Partei aufzumarschieren haben, sind neue Organisationsformen auf breitester Basis und mit weitestem Rahmen zu treffen. Dieses Sammelbecken aller revolutionären Elemente ist die in den Betriebsorganisationen verankerte Arbeiter-Union. In ihr finden sich alle Proletarier zusammen, die dem Rufe: Heraus aus den Gewerkschaften! gefolgt sind. Hier formiert sich das kämpfende Proletariat in breitester Schlachtreihe. Das Bekenntnis zum Klassenkampf, zum Rätesystem und zur Diktatur genügt für die Einreihung. Alles weitere, die politische Erziehung der kämpfenden Massen und die politische Orientierung im Kampfe, ist Aufgabe der Kommunistischen Partei, die außerhalb der Arbeiter-Union steht ..."

„Zwei Kommunistische Parteien stehen also jetzt einander gegenüber: Eine Führungspartei, die den revolutionären Kampf zu organisieren und von oben zu meistern sucht, zu Kompromissen und Parlamentarismus bereit, um Situationen zu schaffen, die ihr den Eintritt in eine Koalitionsregierung gestatten, in deren Händen die Diktatur zu liegen hätte, und eine Massenpartei, die das Emporschlagen des revolutionären Kampfes von unten erwartet, in diesem Kampfe unter Ablehnung aller parlamentarischen und opportunistischen Methoden nur eine zielklare Methode kennt und übt, nämlich die der rücksichtslosen Niederwerfung der Bourgeoisie, um dann die proletarische Klassendiktatur zur Durchführung des Sozialismus zu errichten."

„Hie Führerdiktatur – hie Massendiktatur! Das ist die Losung."

Das sind die wesentlichsten Sätze, die die Auffassungen der Opposition in der Kommunistischen Partei Deutschlands kennzeichnen.

Jeder Bolschewik, der die Entwicklung des Bolschewismus seit 1903 bewußt mitgemacht oder aus der Nähe beobachtet hat, wird beim Lesen dieser Zeilen sofort sagen: „Was für ein alter, längst bekannter Plunder! Was für eine ‚linke‘, Kinderei"

Sehen wir uns jedoch die angeführten Stellen etwas näher an.

Schon allein die Fragestellung: *„Diktatur der Partei oder Diktatur der Klasse? – Diktatur* (Partei) *der Führer oder Diktatur* (Partei) *der Massen?"* zeugt von einer ganz unglaublichen und uferlosen Begriffsverwirrung. Die Leute mühen sich ab, etwas ganz Besonderes auszuhecken, und machen sich in ihrem spintisierenden Eifer lächerlich. Jedermann weiß, daß die Massen sich in Klassen teilen; daß man Massen und Klassen nur dann einander gegenüberstellen kann, wenn man die überwiegende Mehrheit schlechthin, nicht gegliedert nach der Stellung in der sozialen Ordnung der Produktion, den Kategorien gegenüberstellt, die in der sozialen Ordnung der Produktion eine besondere Stellung einnehmen; daß die Klassen gewöhnlich und in den meisten Fällen, wenigstens in den modernen zivilisierten Ländern, von politischen Parteien geführt werden; daß die politischen Parteien in der Regel von mehr oder minder stabilen Gruppen der autoritativsten, einflußreichsten, erfahrensten, auf die verantwortungsvollsten Posten gestellten Personen geleitet werden, die man Führer nennt. Das alles sind Binsenwahrheiten. Das alles ist einfach und klar. Wozu bedurfte es statt dessen eines Kauderwelsch, eines neuen Volapüks? Einerseits sind die Leute offenbar in Verwirrung geraten, weil sie in eine schwierige Lage kamen, als ein schneller Wechsel von Legalität und Illegalität der Partei das gewöhnliche, normale, einfache Verhältnis zwischen Führern, Parteien und Klassen störte. In Deutschland wie auch in anderen europäischen Ländern hat man sich zu sehr an die Legalität gewöhnt, an die freie und regelrechte Wahl der „Führer" durch regelmäßige Parteitage, an die bequeme Kontrolle der Klassenzusammensetzung der Parteien durch Parlamentswahlen, öffentliche Versammlungen, die Presse, die Stimmungen der Gewerkschaften und anderer Verbände usw. Als man, infolge des stürmischen Verlaufs der Revolution und der Entwicklung des Bürgerkriegs, von diesem Gewohnten rasch zum Wechsel von Legalität und Illegalität, zu ihrer Kombinierung, zu „unbequemen", „undemokratischen" Methoden der Aussonderung oder Bildung oder Erhaltung von „Führergruppen" übergehen mußte – da gerieten die Leute außer Fassung und begannen hanebüchenen Unsinn auszuhecken. Wahrscheinlich sind die holländischen „Tribunisten"[15], die

---

15 Holländische „Tribunisten" nennt Lenin die Mitglieder der Kommunistischen Partei Hollands. Ursprünglich bildeten die Tribunisten in der Sozialdemokratischen Arbeiterpartei Hollands eine linke Gruppe, die 1907 die Zeitung **De Tribune** gründete. 1909 wurden die Tribunisten aus der Sozialdemokratischen Arbeiterpartei ausgeschlossen und gründeten eine selbständige Partei (die Sozialdemokratische Partei Hollands). Die Tribunisten bildeten den linken Flügel der holländischen Arbeiterbewegung und standen während des ersten Weltkriegs im wesentlichen auf

das Unglück hatten, in einem kleinen Lande mit den Traditionen und Verhältnissen einer besonders privilegierten und besonders stabilen Legalität geboren zu sein, und die den Wechsel von Legalität und Illegalität überhaupt nie gekannt haben, selber in Verwirrung und außer Fassung geraten und haben zu den absurden Einfallen beigetragen.

Andererseits macht sich einfach ein unüberlegter, zusammenhangloser Gebrauch der jetzt in „Mode" gekommenen Schlagworte „Masse" und „Führer" bemerkbar. Die Leute haben viel davon gehört und sich fest eingeprägt, daß die „Führer" angegriffen und der „Masse" gegenübergestellt werden, aber darüber nachzudenken, wie das eine mit dem andern zusammenhängt, und sich über die Sache klarzuwerden, dazu waren sie nicht imstande.

Die Scheidung zwischen „Führern" und „Massen" trat in allen Ländern am Ende des imperialistischen Krieges und nach dem Kriege besonders klar und schroff in Erscheinung. Die Hauptursache dieser Erscheinung haben Marx und Engels in den Jahren 1852-1892 viele Male am Beispiel Englands erläutert. Die Monopolstellung Englands hatte dazu geführt, daß sich aus der „Masse" eine halb kleinbürgerliche, opportunistische „Arbeiteraristokratie" absonderte. Die Führer dieser Arbeiteraristokratie gingen in einem fort auf die Seite der Bourgeoisie über und wurden direkt oder indirekt – von ihr ausgehalten. Marx zog sich den ehrenvollen Haß dieses Gesindels dadurch zu, daß er sie offen als Verräter brandmarkte. Der moderne Imperialismus (des 20. Jahrhunderts) hat für einige fortgeschrittene Länder eine privilegierte Monopolstellung geschaffen, und auf dieser Grundlage hat sich überall in der II. Internationale der Typus der verräterischen Führer, der Opportunisten, der Sozialchauvinisten herausgebildet, die die Interessen ihrer Zunft, ihrer dünnen Schicht der Arbeiteraristokratie vertreten. Es kam zu einer Isolierung der opportunistischen Parteien von den „Massen", d.h. von den breiten Schichten der Werktätigen, von ihrer Mehrheit, von den am schlechtesten entlohnten Arbeitern. Der Sieg des revolutionären Proletariats ist unmöglich ohne Kampf gegen dieses Übel, ohne Entlarvung, Brandmarkung und Vertreibung der opportunistischen, sozialverräterischen Führer. Das ist denn auch die Politik der III. Internationale.

Sich aus diesem Anlaß bis zur Gegenüberstellung der Diktatur der Massen und der Diktatur der Führer überhaupt zu versteigen ist lächerlicher Unsinn und dummes Zeug. Besonders komisch ist es, daß in Wirklichkeit an

---

den Positionen des Internationalismus. 1918 gründeten sie die Kommunistische Partei Hollands.

die Stelle der alten Führer, die allgemein menschliche Ansichten über einfache Dinge haben, nun praktisch (unter dem Deckmantel der Losung „Nieder mit den Führern") neue Führer treten, die hirnverbrannten Unsinn und wirres Zeug verzapfen. Das sind in Deutschland Laufenberg, Wolffheim, Horner[16], Karl Schröder, Friedrich Wendel, Karl Erler[17]. Die Versuche Erlers, die Frage zu „vertiefen" und die Entbehrlichkeit und die „Bürgerlichkeit" der politischen Parteien überhaupt zu proklamieren – das sind bereits solche Herkulessäulen der Absurdität, daß man nur die Hände über dem Kopf zusammenschlagen kann. Hier sieht man wahrhaftig: Aus einem kleinen Fehler kann man stets einen ungeheuerlich-großen machen, wenn man auf dem Fehler beharrt, wenn man ihn vertieft begründet, wenn man ihn „zu Ende führt".

Verneinung des Parteibegriffs und der Parteidisziplin – das ist es, was bei der Opposition herausgekommen ist. Das aber ist gleichbedeutend mit völliger Entwaffnung des Proletariats zugunsten der Bourgeoisie. Das ist gleichbedeutend eben mit jener kleinbürgerlichen Zersplitterung, Unbeständigkeit und Unfähigkeit zur Konsequenz, zur Vereinigung, zu geschlossenem Vorgehen, die unweigerlich jede proletarische revolutionäre Bewegung zugrunde richten wird, wenn man ihr die Zügel schießen läßt. Den Parteibegriff unter dem Gesichtspunkt des Kommunismus verneinen heißt einen Sprung machen von der Vorstufe des Zusammenbruchs des Kapitalismus (in Deutschland) nicht zur niederen und nicht zur mittleren, sondern zur höheren Phase des Kommunismus. Wir in Rußland erleben (im dritten Jahr nach dem Sturz der Bourgeoisie) die ersten Schritte des Übergangs vom Kapitalismus zum Sozialismus oder zur niederen Phase des Kommunismus. Die Klassen sind bestehengeblieben und werden überall nach der Eroberung der Macht durch das Proletariat jahrelang bestehenbleiben.

---

16 Horner – A. Pannekoek; Erler – H. Laufenberg.

17 **Kommunistische Arbeiterzeitung** (Nr.32 vom 7. Februar 1920, Hamburg, *Die Auflösung der Partei*, Artikel von Karl Erler): *„Die Arbeiterklasse kann den bürgerlichen Staat nicht zertrümmern ohne Vernichtung der bürgerlichen Demokratie, und sie kann die bürgerliche Demokratie nicht vernichten ohne die Zertrümmerung der Parteien."* Die größten Wirrköpfe unter den romanischen Syndikalisten und Anarchisten können „zufrieden" sein: Solide Deutsche, die sich offenbar für Marxisten halten (K. Erler und K. Horner liefern durch ihre Artikel in der genannten Zeitung einen besonders soliden Beweis dafür, daß sie sich für solide Marxisten halten, und reden in besonders komischer Weise einen unglaublichen Unsinn zusammen, wodurch sie offenbaren, daß sie das Abc des Marxismus nicht begriffen haben), versteigen sich zu ganz ungereimtem Zeug. Die bloße Anerkennung des Marxismus befreit noch nicht von Fehlern. Das wissen die Russen besonders gut, denn bei uns war der Marxismus besonders oft „Mode".

Höchstens in England, wo es keine Bauern (immerhin aber Kleinbesitzer!) gibt, wird diese Frist kürzer sein. Die Klassen aufheben heißt nicht nur die Gutsbesitzer und Kapitalisten davonjagen – das haben wir verhältnismäßig leicht getan -, das heißt auch die kleinen Warenproduzenten beseitigen, diese aber kann man nicht davonjagen, man kann sie nicht unterdrücken, man muß mit ihnen zurechtkommen, man kann (und muß) sie nur durch eine sehr langwierige, langsame, vorsichtige organisatorische Arbeit ummodeln und umerziehen. Sie umgeben das Proletariat von allen Seiten mit einer kleinbürgerlichen Atmosphäre, durchtränken es damit, demoralisieren es damit, rufen beständig innerhalb des Proletariats Rückfälle in kleinbürgerliche Charakterlosigkeit, Zersplitterung, Individualismus, abwechselnd Begeisterung und Mutlosigkeit hervor. Innerhalb der politischen Partei des Proletariats sind strengste Zentralisation und Disziplin notwendig, um dem zu widerstehen, um die organisatorische Rolle des Proletariats (das aber ist seine Hauptrolle) richtig, erfolgreich und siegreich durchzuführen. Die Diktatur des Proletariats ist ein zäher Kampf, ein blutiger und unblutiger, gewaltsamer und friedlicher, militärischer und wirtschaftlicher, pädagogischer und administrativer Kampf gegen die Mächte und Traditionen der alten Gesellschaft. Die Macht der Gewohnheit von Millionen und aber Millionen ist die fürchterlichste Macht. Ohne eine eiserne und kampfgestählte Partei, ohne eine Partei, die das Vertrauen alles dessen genießt, was in der gegebenen Klasse ehrlich ist, ohne eine Partei, die es versteht, die Stimmung der Massen zu verfolgen und zu beeinflussen, ist es unmöglich, einen solchen Kampf erfolgreich zu führen. Es ist tausendmal leichter, die zentralisierte Großbourgeoisie zu besiegen, als die Millionen und aber Millionen der Kleinbesitzer „zu besiegen"; diese aber führen durch ihre tagtägliche, alltägliche, unmerkliche, unfaßbare, zersetzende Tätigkeit eben jene Resultate herbei, welche die Bourgeoisie braucht, durch welche die Macht der Bourgeoisie restauriert wird. Wer die eiserne Disziplin der Partei des Proletariats (besonders während seiner Diktatur) auch nur im geringsten schwächt, der hilft faktisch der Bourgeoisie gegen das Proletariat.

Neben die Frage: Führer – Partei – Klasse – Masse sollte man die Frage der „reaktionären" Gewerkschaften stellen. Zunächst aber werde ich mir noch ein paar Schlußbemerkungen auf Grund der Erfahrungen unserer Partei erlauben. Angriffe auf die „Diktatur der Führer" hat es in unserer Partei stets gegeben. Ich erinnere mich der ersten dieser Angriffe im Jahre 1895, als die Partei formell noch nicht bestand, sich aber in Petersburg eine zentrale Gruppe herauszubilden begann, der es oblag, die Führung der Bezirksgruppen zu übernehmen. Auf dem IX. Parteitag unserer Partei (im April 1920) gab es eine kleine Opposition, die ebenfalls gegen die

„Diktatur der Führer", die „Oligarchie" usw. auftrat. Daher hat die „Kinderkrankheit" „des linken Kommunismus" der Deutschen nichts Verwunderliches, nichts Neues, nichts Schreckliches an sich. Diese Krankheit geht gefahrlos vorüber, und der Organismus wird danach sogar kräftiger. Andererseits führte der rasche Wechsel von legaler und illegaler Arbeit, verbunden mit der Notwendigkeit, gerade den Generalstab, gerade die Führer besonders gut „zu verstekken", besonders gut zu konspirieren, bei uns bisweilen zu äußerst gefährlichen Erscheinungen. Die schlimmste von ihnen war, daß 1912 der Lockspitzel Malinowski in das Zentralkomitee der Bolschewiki Eingang fand. Er ließ Dutzende und aber Dutzende der besten und treuesten Genossen hochgehen, brachte sie ins Zuchthaus und beschleunigte den Tod vieler von ihnen. Wenn er nicht noch größeres Unheil angerichtet hat, so lag das daran, daß bei uns ein richtiges Verhältnis zwischen legaler und illegaler Arbeit bestand. Um unser Vertrauen zu gewinnen, mußte uns Malinowski als Mitglied des Zentralkomitees der Partei und Abgeordneter der Duma helfen, legale Tageszeitungen herauszugeben, die es auch unter dem Zarismus verstanden, den Kampf gegen den Opportunismus der Menschewiki zu führen und in entsprechend verhüllter Form die Grundsätze des Bolschewismus zu propagieren. Mit der einen Hand schickte Malinowski viele Dutzende der besten Vertreter des Bolschewismus in Verbannung und Tod, während er mit der anderen Hand helfen mußte, vermittels der legalen Presse viele Zehntausende neuer Bolschewiki zu erziehen. über diese Tatsache sollten jene deutschen (und auch die englischen und amerikanischen, französischen und italienischen) Genossen recht gründlich nachdenken, die jetzt lernen müssen, revolutionäre Arbeit in reaktionären Gewerkschaften zu leisten.[18]

In vielen, darunter auch in den fortgeschrittensten Ländern schickt die Bourgeoisie jetzt zweifellos Lockspitzel in die kommunistischen Parteien, und sie wird das auch in Zukunft tun. Eines der Mittel zur Bekämpfung dieser Gefahr ist die geschickte Kombinierung von illegaler und legaler Arbeit.

18 Malinowski war in Kriegsgefangenschaft in Deutschland. Als er unter der Herrschaft der Bolschewiki nach Rußland zurückkehrte, wurde er von unseren Arbeitern sofort vor Gericht gestellt und erschossen. Die Menschewiki begeiferten uns besonders arg wegen unseres Fehlers, der darin bestand, daß wir einen Lockspitzel im Zentralkomitee unserer Partei hatten. Als wir aber unter Kerenski forderten, daß der Dumapräsident Rodsjanko verhaftet und abgeurteilt werde, weil er schon vor dem Krieg von der Lockspitzeltätigkeit Malinowskis gewußt, es aber den Trudowiki und den Arbeitern in der Duma nicht mitgeteilt hatte, da unterstützten uns weder die Menschewiki noch die Sozialrevolutionäre, die mit Kerenski in der Regierung saßen, und Rodsjanko blieb auf freiem Fuß und konnte ungehindert zu Denikin entkommen.

VI. Sollen Revolutionäre in den reaktionären Gewerkschaften arbeiten?

Die deutschen „Linken" betrachten es für sich als entschieden, daß diese Frage unbedingt verneinend zu beantworten ist. Ihrer Meinung nach genügen Deklamationen und zornige Ausrufe gegen die „reaktionären" und „konterrevolutionären" Gewerkschaften (besonders „solid" und besonders dumm macht das K. Horner), um „zu beweisen", daß Revolutionäre, daß Kommunisten in den gelben, sozialchauvinistischen, paktiererischen, Legienschen, konterrevolutionären Gewerkschaften nicht zu arbeiten brauchen, ja sogar nicht arbeiten dürfen.

Wie sehr die deutschen „Linken" aber auch überzeugt sein mögen, daß diese Taktik revolutionär sei, in Wirklichkeit ist sie grundfalsch und enthält nichts als hohle Phrasen.

Um das klarzumachen, will ich mit der von uns gemachten Erfahrung beginnen – entsprechend dem allgemeinen Plan der vorliegenden Schrift, die den Zweck hat, auf Westeuropa das anzuwenden, was in der Geschichte und der heutigen Taktik des Bolschewismus allgemein anwendbar, von allgemeiner Bedeutung und allgemeiner Gültigkeit ist.

Das Verhältnis zwischen Führer, Partei, Klasse und Masse und damit zugleich das Verhältnis der Diktatur des Proletariats und seiner Partei zu den Gewerkschaften hat bei uns jetzt konkret folgende Form angenommen: Die Diktatur wird durch das in den Sowjets organisierte Proletariat verwirklicht, dessen Führer die Kommunistische Partei der Bolschewiki ist, die nach den Angaben des letzten Parteitags (April 1920) 611.000 Mitglieder zählt. Die Zahl der Mitglieder schwankte sowohl vor als auch nach der Oktoberrevolution sehr stark und war früher, sogar in den Jahren 1918 und 1919, viel geringer[19]. Wir fürchten eine übermäßige Ausdehnung der Partei, denn in eine Regierungspartei versuchen sich unvermeidlich Kar-

---

19 Nach der Februarrevolution von 1917 veränderte sich die Mitgliederzahl bis 1919 folgendermaßen: Zur Zeit der VII. Gesamtrussischen Konferenz (Aprilkonferenz) der SDAPR(B) im Jahre 1917 zählte die Partei 80.000, zur Zeit des VI. Parteitags der SDAPR(B) im Juli-August 1917 rund 240.000, zur Zeit des VII. Parteitags der KPR(B) im März 1918 mindestens 300.000 und zur Zeit des VIII. Parteitags der KPR(B) im März 1919 313.766 Mitglieder.

rieristen und Gauner einzuschleichen, die nur verdienen, erschossen zu werden. Das letztemal haben wir – nur für Arbeiter und Bauern – die Tore der Partei weit geöffnet, als (im Winter 1919) Judenitsch wenige Werst vor Petrograd und Denikin in Oriol (etwa 350 Werst von Moskau) stand, d.h. als der Sowjetrepublik höchste, tödliche Gefahr drohte und als Abenteurer, Karrieristen, Gauner und überhaupt unsichere Elemente keineswegs auf eine gute Karriere (eher auf Galgen und Folter) rechnen konnten, wenn sie sich den Kommunisten anschlossen. Die Partei, die alljährlich ihre Parteitage abhält (bei dem letzten entfiel auf 1.000 Mitglieder 1 Delegierter), wird vom Zentralkomitee geleitet, das aus 19 Personen besteht und auf dem Parteitag gewählt wird; die laufende Arbeit in Moskau wird von noch engeren Kollegien geleistet, dem sogenannten „Orgbüro" (Organisationsbüro) und dem sogenannten „Politbüro" (Politischen Büro), die aus je fünf Mitgliedern des Zentralkomitees bestehen und in Plenarsitzungen des Zentralkomitees gewählt werden. Hier haben wir also eine regelrechte „Oligarchie". Keine einzige wichtige politische oder organisatorische Frage wird in unserer Republik von irgendeiner staatlichen Institution ohne Direktiven des Zentralkomitees unserer Partei entschieden.

Die Partei stützt sich bei ihrer Arbeit unmittelbar auf die Gewerkschaften, die nach den Angaben des letzten Kongresses (April 1920) gegenwärtig über 4 Millionen Mitglieder zählen und der Form nach parteilos sind. Faktisch bestehen alle leitenden Körperschaften der weitaus meisten Verbände und in erster Linie natürlich der Zentrale oder des Büros aller Gewerkschaften ganz Rußlands (WZSPS – Gesamtrussischer Zentralrat der Gewerkschaften) aus Kommunisten und führen alle Direktiven der Partei durch. Im großen und ganzen haben wir also einen der Form nach nicht kommunistischen, elastischen und verhältnismäßig umfassenden, überaus mächtigen proletarischen Apparat, durch den die Partei mit der Klasse und der Masse eng verbunden ist und durch den, unter Führung der Partei, die Diktatur der Klasse verwirklicht wird. Ohne die engste Verbindung mit den Gewerkschaften, ohne ihre tatkräftige Unterstützung, ohne ihre selbstlose Arbeit beim Aufbau nicht nur der Wirtschaft, sondern auch der Armee, hätten wir das Land selbstverständlich keine 2½ Monate, geschweige denn 2½ Jahre regieren und die Diktatur ausüben können. Diese überaus enge Verbindung bedeutet natürlich in der Praxis eine sehr komplizierte und mannigfaltige Arbeit der Propaganda, der Agitation, der rechtzeitigen und häufigen Beratungen nicht nur mit den leitenden, sondern überhaupt mit den einflußreichen Gewerkschaftlern und einen entschiedenen Kampf gegen die Menschewiki, die bis jetzt über eine gewisse, wenn auch ganz geringe Zahl von Anhängern verfügen, die sie zu allen möglichen konterrevolutionären Machenschaften anleiten – von der ideologischen Verteidigung der (bürgerlichen) Demokratie, dem Predigen der „Unabhängigkeit" der Gewerkschaften (Unabhängigkeit – von der proletarischen Staatsmacht!) bis zur Sabotage der proletarischen Disziplin usw. usf.

Die Verbindung mit den „Massen" vermittels der Gewerkschaften halten wir für ungenügend. Die Praxis hat bei uns, im Laufe der Revolution, eine solche Institution hervorgebracht wie die Konferenzen parteiloser Arbeiter und Bauern, die wir auf jede Art und Weise zu unterstützen, zu entwickeln und zu erweitern bemüht sind, um die Stimmung der Massen zu verfolgen, um an die Massen näher heranzukommen und ihren Anforderungen zu entsprechen, um aus ihrer Mitte die besten Kräfte auf Staatsposten aufrücken zu lassen usw. In einem der letzten Dekrete über die Umwandlung des Volkskommissariats für Staatliche Kontrolle in die „Arbeiter- und Bauerninspektion" wird diesen Konferenzen von Parteilosen das Recht eingeräumt, Mitglieder der Staatlichen Kontrolle für Revisionen verschiedener Art zu wählen usw.

Ferner erfolgt selbstverständlich die ganze Arbeit der Partei vermittels der Sowjets, die die werktätigen Massen ohne Unterschied des Berufs vereinigen. Die Kreistagungen der Sowjets sind eine solche demokratische Einrichtung, wie sie die besten demokratischen Republiken der bürgerlichen Welt noch nicht gekannt haben. Durch diese Tagungen (welche die Partei so aufmerksam wie nur möglich zu verfolgen bemüht ist) wie auch durch ständige Abkommandierung klassenbewußter Arbeiter auf verschiedene Posten im Dorf wird die führende Rolle des Proletariats gegenüber der Bauernschaft verwirklicht, wird die Diktatur des städtischen Proletariats verwirklicht, wird der systematische Kampf gegen die reiche, bourgeoise, ausbeutende und spekulierende Bauernschaft geführt usw.

So sieht der allgemeine Mechanismus der proletarischen Staatsmacht aus, wenn man ihn „von oben", vom Standpunkt der praktischen Verwirklichung der Diktatur betrachtet. Der Leser wird hoffentlich verstehen, warum dem russischen Bolschewik, der mit diesem Mechanismus vertraut ist und der beobachtet hat, wie sich dieser Mechanismus im Laufe von 25 Jahren aus kleinen, illegalen, unterirdischen Zirkeln entwickelte, das ganze Gerede, ob „von oben" oder „von unten", ob Diktatur der Führer oder Diktatur der Massen usw., als lächerlicher, kindischer Unsinn erscheinen muß, als eine Art Streit darüber, ob dem Menschen der linke Fuß oder die rechte Hand nützlicher ist.

Als ein ebenso lächerlicher, kindischer Unsinn muß uns auch das wichtigtuerische, überaus gelehrte und furchtbar revolutionäre Gerede der deutschen Linken über das Thema erscheinen, daß die Kommunisten in den reaktionären Gewerkschaften nicht arbeiten können und nicht arbeiten dürfen, daß es statthaft sei, diese Arbeit abzulehnen, daß man aus den Gewerkschaften austreten und unbedingt eine nagelneue, blitzsaubere, von sehr netten (und meistens wohl sehr jungen) Kommunisten ausgeheckte „Arbeiter-Union" schaffen müsse usw. usf.

Der Kapitalismus hinterläßt dem Sozialismus unvermeidlich einerseits die alten, in Jahrhunderten herausgebildeten beruflichen und gewerblichen Unterschiede zwischen den Arbeitern und anderseits die Gewerkschaften. Diese können und werden sich nur sehr langsam, im Laufe vieler Jahre zu breiteren, weniger zünftlerischen Produktionsverbänden (die ganze Produktionszweige und nicht nur einzelne Branchen, Gewerbe und Berufe umfassen) entwickeln und erst dann dazu übergehen, vermittels dieser Produktionsverbände die Arbeitsteilung unter den Menschen aufzuheben und allseitig entwickelte und allseitig geschulte Menschen, die alles machen können, zu erziehen, zu unterweisen und heranzubilden. Dahin steuert der Kommunismus, dahin muß und wird er gelangen, aber erst nach einer langen Reihe von Jahren. Der Versuch, heute dieses künftige Ergebnis des vollkommen entwickelten, vollkommen gefestigten und herausgebildeten, vollkommen entfalteten und reifen Kommunismus praktisch vorwegzunehmen, wäre gleichbedeutend damit, einem vierjährigen Kind höhere Mathematik beibringen zu wollen.

Wir können (und müssen) beginnen, den Sozialismus aufzubauen, und zwar nicht aus einem phantastischen und nicht aus einem von uns speziell geschaffenen Menschenmaterial, sondern aus dem Material, das uns der Kapitalismus als Erbteil hinterlassen hat. Das ist sehr „schwer", wer will es leugnen, aber jedes andere Herangehen an diese Aufgabe ist so wenig ernst, daß es gar nicht lohnt, davon zu reden.

Zu Beginn der Entwicklung des Kapitalismus bedeuteten die Gewerkschaften als Übergang von der Zersplitterung und Hilflosigkeit der Arbeiter zu den Anfängen einer Klassenvereinigung einen riesigen Fortschritt der Arbeiterklasse. Als die höchste Form der Klassenvereinigung der Proletarier, die revolutionäre Partei des Proletariats (die ihren Namen nicht verdient, solange sie es nicht gelernt hat, die Führer mit der Klasse und mit den Massen zu einem Ganzen, zu etwas Untrennbarem zu verbinden), sich herauszubilden anfing, da begannen die Gewerkschaften unvermeidlich gewisse reaktionäre Züge zu offenbaren, eine gewisse zünftlerische Beschränktheit, eine gewisse Neigung zur politischen Indifferenz, eine gewisse Stagnation usw. Aber anders als vermittels der Gewerkschaften, anders als durch ihr Zusammenwirken mit der Partei der Arbeiterklasse ging die Entwicklung des Proletariats nirgendwo in der Welt vor sich und konnte auch nicht vor sich gehen. Die Eroberung der politischen Macht durch das Proletariat bedeutet für das Proletariat als Klasse einen riesigen Schritt vorwärts, und die Partei muß noch mehr und auf neue, nicht nur auf alte Art die Gewerkschaften erziehen und leiten, darf aber gleichzeitig nicht vergessen, daß sie eine unentbehrliche „Schule des Kommunismus" sind und noch lange bleiben werden, eine Vorbereitungsschule für die Proletarier zur Verwirklichung ihrer Diktatur, eine unentbehrliche Vereinigung der Arbeiter für den allmählichen Übergang der Verwaltung der gesamten Wirtschaft des Landes in die Hände der Arbeiterklasse (aber nicht einzelner Berufszweige) und sodann aller Werktätigen.

Im erwähnten Sinne sind gewisse „reaktionäre Züge" der Gewerkschaften unter der Diktatur des Proletariats unvermeidlich. Wer das nicht begreift, versteht absolut nichts von den grundlegenden Bedingungen des Übergangs vom Kapitalismus zum Sozialismus. Fürchtet man diese „reaktionären Züge", sucht man sie zu ignorieren, sie zu überspringen, so ist das die größte Dummheit, denn das bedeutet, vor der Rolle der proletarischen Avantgarde zurückzuschrecken, die darin besteht, daß sie die rückständigsten Schichten und Massen der Arbeiterklasse und der Bauernschaft schult, aufklärt, erzieht und dem neuen Leben zuführt. Anderseits wäre es ein noch größerer Fehler, die Verwirklichung der Diktatur des Proletariats so lange aufzuschieben, bis es keinen einzigen Arbeiter mehr gibt, der beruflich beschränkt ist, der zünftlerische und trade-unionistische Vorurteile hat. Die Kunst des Politikers (und das richtige Verständnis des Kommunisten für seine Aufgaben) besteht eben darin, die Bedingungen und den Zeitpunkt richtig einzuschätzen, wo die Avantgarde des Proletariats die Macht mit Erfolg ergreifen kann, damit sie während und nach der Machtergreifung auf eine ausreichende Unterstützung genügend breiter Schichten der Arbeiterklasse und der nichtproletarischen werktätigen Massen rechnen kann, wo sie nach der Machtergreifung ihre Herrschaft dadurch behaupten, festigen und erweitern kann, daß sie immer breitere Massen der Werktätigen erzieht, schult und mitreißt.

Weiter. In Ländern, die fortgeschrittener sind als Rußland, hat sich, und das mußte so sein, ein gewisser reaktionärer Geist in den Gewerkschaften zweifellos viel stärker geltend gemacht als bei uns. Gerade wegen der zünftlerischen Beschränktheit, des beruflichen Egoismus und des Opportunismus hatten die Menschewiki bei uns eine Stütze in den Gewerkschaften (und haben sie zum Teil in ganz wenigen Gewerkschaften auch heute noch). Im Westen haben sich die dortigen Menschewiki in den Gewerkschaften viel mehr „festgesetzt", dort hat sich eine viel stärkere Schicht einer beruflich beschränkten, bornierten, selbstsüchtigen, verknöcherten, eigennützigen, spießbürgerlichen, imperialistisch gesinnten und vom Imperialismus bestochenen, vom Imperialismus demoralisierten Arbeiteraristokratie herausgebildet als bei uns. Das ist unbestreitbar. Der Kampf mit den Gompers, den Herren Jouhaux, Henderson, Merrheim, Legien und Co. in Westeuropa ist weit schwieriger als der Kampf mit unseren Menschewiki, die sozial und politisch einen völlig gleichartigen Typus darstellen. Dieser Kampf muß rücksichtslos und, so wie wir es getan haben, unbedingt bis zu Ende geführt werden, bis zur völligen Diskreditierung aller unverbesserlichen Führer des Opportunismus und Sozialchauvinismus und ihrer Vertreibung aus den Gewerkschaften. Man kann die politische Macht nicht erobern (und soll nicht versuchen, die politische Macht zu ergreifen), solange dieser Kampf nicht eine gewisse Stufe erreicht hat, wobei diese „gewisse Stufe" in den verschiedenen Ländern und unter den verschiedenen Verhältnissen nicht die gleiche ist; und sie richtig abschätzen können nur kluge, erfahrene und sachkundige politische Führer des Proletariats jedes einzelnen Landes. (Bei uns waren ein Maßstab für den Erfolg in diesem Kampf unter anderem die Wahlen zur Konstituierenden Versammlung, die im November 1917, wenige Tage nach der proletarischen Umwälzung vom 25.10.1917, stattfanden. Bei diesen Wahlen wurden die Menschewiki aufs Haupt geschlagen. Sie erhielten 0,7 Millionen Stimmen – zusammen mit Transkaukasien 1,4 Millionen gegenüber 9 Millionen Stimmen, die für die Bolschewiki abgegeben wurden: Siehe meinen Artikel: *Die Wahlen zur Konstituierenden Versammlung und die Diktatur des Proletariats*[20] in Nr.7/8 der **Kommunistischen Internationale**.)

Doch den Kampf gegen die „Arbeiteraristokratie" führen wir im Namen der Arbeitermassen und um sie für uns zu gewinnen; den Kampf gegen die opportunistischen und sozialchauvinistischen Führer führen wir, um die Arbeiterklasse für uns zu gewinnen. Diese höchst elementare und ganz augenfällige Wahrheit zu vergessen wäre eine Dummheit. Und gerade diese Dummheit begehen die „linken" deutschen Kommunisten, die aus der Tatsache, daß die Spitzen der Gewerkschaften reaktionär und konterrevolutionär sind, den, Schluß ziehen, daß man ... aus den Gewerkschaften aus-

---

20 Siehe W.I. Lenin, **Werke**, Bd.30, S.242-265.

treten!!, die Arbeit in den Gewerkschaften ablehnen!! und neue, ausgeklügelte Formen von Arbeiterorganisationen schaffen müsse!! Das ist eine so
unverzeihliche Dummheit, daß sie dem größten Dienst gleichkommt, den
Kommunisten der Bourgeoisie erweisen können. Denn unsere Menschewiki sind wie alle opportunistischen, sozialchauvinistischen und kautsky-
anischen Führer der Gewerkschaften nichts anderes als „Agenten der Bourgeoisie in der Arbeiterbewegung" (was wir immer von den Menschewiki
gesagt haben) oder, nach dem ausgezeichneten und zutiefst wahren Ausdruck der Anhänger Daniel de Leons in Amerika, „Arbeiterkommis der
Kapitalistenklasse" (Labor lieutenants of the capitalist class). *„Nicht in den
reaktionären Gewerkschaften arbeiten heißt die ungenügend entwickelten oder rückständigen Arbeitermassen dem Einfluß der reaktionären Führer, der Agenten der
Bourgeoisie, der Arbeiteraristokraten oder der verbürgerten Arbeiter"* (vgl. Engels'
Brief von 1858 an Marx über die englischen Arbeiter[21]) überlassen.

Gerade die absurde „Theorie", wonach sich die Kommunisten an den reaktionären Gewerkschaften nicht beteiligen dürfen, zeigt am deutlichsten,
wie leichtfertig sich diese „linken" Kommunisten zur Frage der Beeinflus-
sung der „Massen" verhalten und wie sie mit ihrem Geschrei von den
„Massen" Mißbrauch treiben. Will man der „Masse" helfen und sich die
Sympathien, die Zuneigung, die Unterstützung der „Masse" erwerben, so
darf man sich nicht fürchten vor Schwierigkeiten, darf man sich nicht
fürchten vor den Schikanen, den Fußangeln, den Beleidigungen und Verfolgungen seitens der „Führer" (die als Opportunisten und Sozialchauvinisten in den meisten Fällen direkt oder indirekt mit der Bourgeoisie und
der Polizei in Verbindung stehen) und muß unbedingt dort arbeiten, wo
die Massen sind. Man muß jedes Opfer bringen und die größten Hinder-
nisse überwinden können, um systematisch, hartnäckig, beharrlich, gedul-
dig gerade in allen denjenigen – und seien es auch die reaktionärsten Ein-
richtungen, Vereinen und Verbänden Propaganda und Agitation zu treiben, in denen es proletarische oder halbproletarische Massen gibt. Die Gewerkschaften und die Arbeitergenossenschaften (diese wenigstens mitunter) sind aber gerade Organisationen, die Massen erfassen. In England hat
sich nach den Angaben der schwedischen Zeitung „Folkets Dafblad-
Politiken" (vom 10.3.1920) die Mitgliederzahl der Trade-Unions von Ende
1917 bis Ende 1918 von 5,5 auf 6,6 Millionen, d.h. um 19 Prozent erhöht.
Ende 1919 schätzte man die Mitgliederzahl auf 7,5 Millionen. Ich habe die
entsprechenden Zahlen über Frankreich und Deutschland nicht zur Hand,
aber die Tatsachen, die von einem starken Anwachsen der Mitgliederzahl

---

21 Siehe Karl Marx / Friedrich Engels, **Werke**, Bd.29, Berlin 1967, S.358.

der Gewerkschaften auch in diesen Ländern zeugen, sind ganz unbestreitbar und allgemein bekannt.

Diese Tatsachen beweisen sonnenklar, was auch durch Tausende anderer Anzeichen bestätigt wird: Gerade in den proletarischen Massen, den „unteren Schichten", unter den Rückständigen, nimmt das Klassenbewußtsein und das Streben nach Organisation zu. Millionen von Arbeitern in England, Frankreich, Deutschland gehen zum erstenmal von der vollständigen Unorganisiertheit zur elementaren, untersten, einfachsten (für diejenigen, die noch durch und durch von bürgerlich-demokratischen Vorurteilen erfüllt sind), zugänglichsten Organisationsform, nämlich zu den Gewerkschaften über, während die revolutionären, jedoch unvernünftigen linken Kommunisten danebenstehen, „Masse! Masse!" schreien – und sich weigern, innerhalb der Gewerkschaften zu arbeiten!! Sie tun das unter dem Vorwand, die Gewerkschaften seien „reaktionär"!!, und klügeln eine nagelneue, blitzsaubere „Arbeiter-Union" aus, die unbefleckt ist von bürgerlich-demokratischen Vorurteilen und frei von den Sünden zünftlerischer, eng beruflicher Beschränktheit, eine „Arbeiter-Union", die angeblich eine Massenorganisation werden (werden!) soll und die als Aufnahmebedingung nur (nur!) die „Anerkennung des Rätesystems und der Diktatur" (siehe die oben angeführte Stelle) fordert!!

Einen schlimmeren Unverstand, einen größeren Schaden für die Revolution, als ihn die „linken" Revolutionäre anrichten, kann man sich gar nicht ausdenken! Wenn wir jetzt in Rußland, nach 2½ Jahren unvergleichlicher Siege über die Bourgeoisie Rußlands und der Entente, die „Anerkennung der Diktatur" zur Bedingung für den Eintritt in die Gewerkschaften machen wollten, so würden wir eine Dummheit begehen, unserem Einfluß auf die Massen Abbruch tun und den Menschewiki Vorschub leisten. Denn die ganze Aufgabe der Kommunisten besteht darin, daß sie es verstehen, die Rückständigen zu überzeugen, unter ihnen zu arbeiten, und sich nicht durch ausgeklügelte, kindische „linke" Losungen von ihnen absondern.

Kein Zweifel, die Herren Gompers, Henderson, Jouhaux und Legien sind solchen „linken" Revolutionären sehr dankbar, die wie die deutsche „grundsätzliche" Opposition (der Himmel bewahre uns vor solcher „Grundsätzlichkeit"!) oder wie manche Revolutionäre unter den amerikanischen „Industriearbeitern der Welt"[22] den Austritt aus den reaktionären

---

22 „Industriearbeiter der Welt" (Industrial Workers of the World – IWW) –

Gewerkschaften und die Ablehnung der Arbeit in ihnen predigen. Kein Zweifel, die Herren „Führer" des Opportunismus werden zu allen möglichen Kniffen der bürgerlichen Diplomatie greifen, werden die Hilfe der bürgerlichen Regierungen, der Pfaffen, der Polizei, der Gerichte in Anspruch nehmen, um die Kommunisten nicht in die Gewerkschaften hineinzulassen, um sie auf jede Art und Weise aus den Gewerkschaften zu verdrängen, um ihnen die Arbeit in den Gewerkschaften möglichst zu verleiden, um sie zu beleidigen, gegen sie zu hetzen und sie zu verfolgen. Man muß all dem widerstehen können, muß zu jedwedem Opfer entschlossen sein und sogar – wenn es sein muß – alle möglichen Schliche, Listen und illegalen Methoden anwenden, die Wahrheit verschweigen und verheimlichen, nur um in die Gewerkschaften hineinzukommen, in ihnen zu bleiben und in ihnen um jeden Preis kommunistische Arbeit zu leisten. Unter dem Zarismus hatten wir bis 1905 keinerlei „legale Möglichkeit", als aber Subatow von der Ochrana Arbeiterversammlungen und Arbeitervereine der Schwarzhunderter inszenierte, um Revolutionäre einzufangen und den Kampf gegen sie zu führen, da schickten wir in diese Versammlungen und Vereine Mitglieder unserer Partei (an einen von ihnen erinnere ich mich persönlich, nämlich an Genossen Babuschkin, einen hervorragenden Petersburger Arbeiter, der von den zaristischen Generalen 1906 erschossen worden ist), die mit der Masse Verbindung herstellten, es geschickt verstanden, Agitation zu treiben, und die Arbeiter dem Einfluß der Subatowleute entrissen.[23] Natürlich, in Westeuropa, das besonders stark durchdrungen ist von besonders stark eingewurzelten legalistischen, konstitutionellen, bürgerlich-demokratischen Vorurteilen, läßt sich so etwas schwerer durchführen. Aber man kann und muß es durchführen, und zwar systematisch durchführen.

Gewerkschaftsorganisation der amerikanischen Arbeiter, die 1905 gegründet wurde. Während der Massenstreikbewegung, die sich unter dem Einfluß der russischen Revolution 1905-1907 in den USA entfaltete, führten die „Industriearbeiter der Welt" eine Reihe erfolgreicher Streiks durch und bekämpften die Politik der reformistischen Führer der „Amerikanischen Föderation der Arbeit" sowie der rechten Sozialisten. Einige Führer der IWW begrüßten die Sozialistische Oktoberrevolution und traten der Kommunistischen Partei Amerikas bei. Gleichzeitig zeigten sich in der Tätigkeit der Organisation anarchosyndikalistische Züge. Die anarchosyndikalistischen Führer der IWW lehnten 1920 entgegen dem Willen ihrer Mitglieder den Aufruf des EKKI, der Kommunistischen Internationale beizutreten, ab. Dabei machten sie sich die Tatsache zunutze, daß viele revolutionäre Führer der IWW eingekerkert waren.

23 Die Gompers, Henderson, Jouhaux und Legien sind nichts anderes als solche Subatow, die sich von unserem Subatow nur durch das europäische Kostüm, den europäischen Schliff, durch die zivilisierten, verfeinerten, demokratisch verbrämten Methoden unterscheiden, mit denen sie ihre niederträchtige Politik betreiben.

Das Exekutivkomitee der III. Internationale muß meiner Ansicht nach sowohl allgemein die Politik der Nichtbeteiligung an den reaktionären Gewerkschaften (unter ausführlicher Begründung, warum eine solche Nichtbeteiligung unvernünftig und für die Sache der proletarischen Revolution außerordentlich schädlich ist) als auch besonders das Verhalten einiger Mitglieder der Kommunistischen Partei Hollands, die – einerlei, ob direkt oder indirekt, offen oder versteckt, ganz oder teilweise – diese falsche Politik unterstützt haben, direkt verurteilen und dem nächsten Kongreß der Kommunistischen Internationale vorschlagen, dasselbe zu tun. Die III. Internationale muß mit der Taktik der II. Internationale brechen, sie darf die heiklen Fragen nicht umgehen, nicht vertuschen, sondern muß sie mit aller Schärfe stellen. Wir haben den „Unabhängigen" (der Unabhängigen Sozialdemokratischen Partei Deutschlands) die ganze Wahrheit ins Gesicht gesagt, wir müssen auch den „linken" Kommunisten die ganze Wahrheit ins Gesicht sagen.

VII. Soll man sich an den bürgerlichen Parlamenten beteiligen?

Die deutschen „linken" Kommunisten beantworten diese Frage mit größter Geringschätzung – und mit größter Leichtfertigkeit – verneinend. Ihre Argumente? In dem oben angeführten Zitat haben wir gelesen:

> „... jede Rückkehr zu den historisch und politisch erledigten Kampfformen des Parlamentarismus ... ist mit aller Entschiedenheit abzulehnen ..."

Das ist bis zur Lächerlichkeit anmaßend gesagt und offenkundig falsch. „Rückkehr" zum Parlamentarismus! Gibt es in Deutschland gar schon eine Sowjetrepublik? Doch wohl nicht! Wie kann man also von einer „Rückkehr" reden? Ist das nicht eine leere Phrase?

Der Parlamentarismus ist „historisch erledigt". Im Sinne der Propaganda ist das richtig. Aber jedermann weiß, daß es von da bis zur praktischen Überwindung noch sehr weit ist. Den Kapitalismus konnte man bereits vor vielen Jahrzehnten, und zwar mit vollem Recht, als „historisch erledigt" bezeichnen, das enthebt uns aber keineswegs der Notwendigkeit eines sehr langen und sehr hartnäckigen Kampfes auf dem Boden des Kapitalismus. Der Parlamentarismus ist im welthistorischen Sinne „historisch erledigt", d.h., die Epoche des bürgerlichen Parlamentarismus ist beendet, die Epoche der Diktatur des Proletariats hat begonnen. Das ist unbestreitbar. Aber der welthistorische Maßstab rechnet nach Jahrzehnten. 10 bis 20 Jahre früher oder später, das ist, mit dem welthistorischen Maßstab gemessen, gleichgültig, das ist – vom Standpunkt der Weltgeschichte aus gesehen – eine Kleinigkeit, die man nicht einmal annähernd berechnen kann. Aber gerade deshalb ist es eine haarsträubende theoretische Unrichtigkeit, sich in einer Frage der praktischen Politik auf den welthistorischen Maßstab zu berufen.

Der Parlamentarismus ist „politisch erledigt"? Das ist eine ganz andere Sache. Wäre das richtig, dann hätten die „Linken" eine feste Position. Das müßte jedoch durch eine sehr gründliche Analyse bewiesen werden, die „Linken" aber verstehen es nicht einmal, an eine solche Analyse heranzugehen. In den *Thesen über den Parlamentarismus*, die in Nr.1 des **Bulletins des Provisorischen Amsterdamer Büros der Kommunistischen In-**

ternationale (**Bulletin of the Provisional Bureau in Amsterdam of the Communist International**, February 1920) veröffentlicht sind und offensichtlich die Ansichten der holländisch-linken oder links-holländischen Richtung zum Ausdruck bringen, ist die Analyse, wie wir sehen werden, ebenfalls ganz miserabel.

Erstens. Die deutschen „Linken" haben entgegen der Meinung so hervorragender politischer Führer wie Rosa Luxemburg und Karl Liebknecht bekanntlich schon im Januar 1919 den Parlamentarismus für „politisch erledigt" gehalten. Wie bekannt, haben sich die „Linken" geirrt. Schon das allein stößt sofort und radikal die These um, daß der Parlamentarismus „politisch erledigt" sei. Den „Linken" obliegt es zu beweisen, weshalb ihr unbestreitbarer Fehler von damals jetzt aufgehört hat, ein Fehler zu sein. Nicht einmal den Schimmer eines Beweises führen sie an und können sie anführen. Das Verhalten einer politischen Partei zu ihren Fehlern ist eines der wichtigsten und sichersten Kriterien für den Ernst einer Partei und für die tatsächliche Erfüllung ihrer Pflichten gegenüber ihrer Klasse und den werktätigen Massen. Einen Fehler offen zuzugeben, seine Ursachen aufdecken, die Umstände, die ihn hervorgerufen haben, analysieren, die Mittel zur Behebung des Fehlers sorgfältig prüfen – das ist das Merkmal einer ernsten Partei, das heißt Erfüllung ihrer Pflichten, das heißt Erziehung und Schulung der Klasse und dann auch der Masse. Wenn die „Linken" in Deutschland (und in Holland) diese ihre Pflicht nicht erfüllen, wenn sie nicht mit größter Aufmerksamkeit, Sorgfalt und Vorsicht an das Studium ihres offenkundigen Fehlers gehen, so beweisen sie gerade dadurch, daß sie nicht eine Partei der Klasse, sondern ein Konventikel, nicht eine Partei der Massen, sondern eine Gruppe von Intellektuellen und einigen wenigen Arbeitern sind, die die schlechtesten Eigenschaften der Intellektuellen kopieren.

Zweitens. In derselben Broschüre der Frankfurter Gruppe der „Linken", aus der wir oben ausführliche Zitate angeführt haben, lesen wir:

> „Die Millionen der im Banne der Zentrumspolitik" (der Politik der katholischen Zentrumspartei) „noch marschierenden Arbeiter sind gegenrevolutionär. Die Landproletarier stellen Legionen gegenrevolutionärer Truppen." (S.3 der obengenannten Broschüre.)

Man merkt an allem, daß das allzu schwungvoll gesagt und übertrieben ist. Aber die hier dargelegte grundlegende Tatsache ist unbestreitbar, und daß die „Linken" sie anerkennen, zeugt besonders anschaulich von ihrem Fehler. Wie kann man denn davon reden, daß der „Parlamentarismus politisch erledigt" sei, wenn „Millionen" und „Legionen" Proletarier nicht nur für den Parlamentarismus schlechthin eintreten, sondern sogar direkt „gegenrevolutionär" sind!? Es ist klar, daß der Parlamentarismus in Deutschland politisch noch nicht erledigt ist. Es ist klar, daß die „Linken" in Deutschland ihren eigenen Wunsch, ihre eigene ideologisch-politische Stellung für die objektive Wirklichkeit halten. Das ist der gefährlichste Fehler, den Revolutionäre machen können. In Rußland, wo das überaus barbarische und grausame Joch des Zarismus besonders lange und in besonders mannigfaltigen Formen Revolutionäre verschiedener Richtungen hervorgebracht hat, Revolutionäre, deren Hingabe, Enthusiasmus, Heldenmut und Willenskraft bewundernswert sind, in Rußland haben wir diesen Fehler an Revolutionären aus nächster Nähe beobachtet, haben ihn besonders aufmerksam studiert, kennen ihn besonders gut und sehen ihn deshalb auch bei anderen besonders klar. Für die Kommunisten in Deutschland ist der Parlamentarismus natürlich „politisch erledigt", aber es kommt gerade darauf an, daß wir das, was für uns erledigt ist, nicht als erledigt für die Klasse, nicht als erledigt für die Massen betrachten. Gerade hier sehen wir wiederum, daß die „Linken" nicht zu urteilen verstehen, daß sie nicht als Partei der Klasse, als Partei der Massen zu handeln verstehen. Ihr seid verpflichtet, nicht auf das Niveau der Massen, nicht auf das Niveau der rückständigen Schichten der Klasse hinabzusinken. Das ist unbestreitbar. Ihr seid verpflichtet, ihnen die bittere Wahrheit zu sagen. Ihr seid verpflichtet, ihre bürgerlich-demokratischen und parlamentarischen Vorurteile beim richtigen Namen zu nennen. Aber zugleich seid ihr verpflichtet, den tatsächlichen Bewußtseins- und Reifegrad eben der ganzen Klasse (und nicht nur ihrer kommunistischen Avantgarde), eben der ganzen werktätigen Masse (und nicht nur ihrer fortgeschrittensten Vertreter) nüchtern zu prüfen.

Selbst wenn keine „Millionen" und „Legionen", sondern bloß eine ziemlich beträchtliche Minderheit von Industriearbeitern den katholischen Pfaffen und von Landarbeitern den Junkern und Großbauern nachläuft, ergibt sich schon daraus unzweifelhaft, daß der Parlamentarismus in Deutschland politisch noch nicht erledigt ist, daß die Beteiligung an den Parlamentswahlen und am Kampf auf der Parlamentstribüne für die Partei des revolutionären Proletariats unbedingte Pflicht ist, gerade um die rückständigen Schichten ihrer Klasse zu erziehen, gerade um die unentwickelte, geduckte, unwissende Masse auf dem Lande aufzurütteln und aufzuklären. Solange ihr nicht stark genug seid, das bürgerliche Parlament und alle sonstigen reaktionären Institutionen auseinanderzujagen, seid ihr verpflichtet, gerade innerhalb dieser Institutionen zu arbeiten, weil sich dort noch Arbeiter befinden, die von den Pfaffen und durch das Leben in den ländlichen Provinznestern verdummt worden sind. Sonst lauft ihr Gefahr, einfach zu Schwätzern zu werden.

Drittens. Die „linken" Kommunisten sagen über uns Bolschewiki sehr viel Gutes. Manchmal möchte man sagen: Wenn sie uns doch weniger loben, wenn sie doch in die Taktik der Bolschewiki besser eindringen, sich besser mit ihr vertraut machen wollten! Wir haben uns im September bis November 1917 an den Wahlen zum bürgerlichen Parlament Rußlands, zur Konstituierenden Versammlung, beteiligt. War unsere Taktik richtig oder nicht? Wenn nicht, so muß das klar gesagt und bewiesen werden; das ist notwendig, damit der internationale Kommunismus eine richtige Taktik ausarbeitet. Wenn ja, so müssen daraus bestimmte Schlußfolgerungen gezogen werden. Selbstverständlich kann von einer Gleichsetzung der Verhältnisse in Rußland und der Verhältnisse in Westeuropa keine Rede sein. Speziell in der Frage jedoch, was der Satz: „Der Parlamentarismus ist politisch erledigt!" bedeutet, muß unsere Erfahrung unbedingt genau in Betracht gezogen werden, denn solche Aussprüche verwandeln sich allzu leicht in hohle Phrasen, wenn die konkrete Erfahrung nicht in Betracht gezogen wird. Hatten wir russischen Bolschewiki im September-November 1917 nicht mehr als jeder beliebige Kommunist im Westen das Recht, anzunehmen, daß der Parlamentarismus in Rußland politisch erledigt sei? Natürlich hatten wir es, denn es kommt ja nicht darauf an, ob die bürgerlichen Parlamente lange oder kurze Zeit bestehen, sondern darauf, wieweit die breiten Massen der Werktätigen (ideologisch, politisch, praktisch) bereit sind, die Sowjetordnung anzunehmen und das bürgerlich-demokratische Parlament auseinanderzujagen (oder seine Auseinanderjagung zuzulassen). Daß in Rußland im September-November 1917 die Arbeiterklasse der Städte, die Soldaten und die Bauern infolge einer Reihe von besonderen Umständen für die Annahme der Sowjetordnung und die Auseinanderjagung selbst des demokratischsten bürgerlichen Parlaments außerordentlich gut vorbereitet waren, ist eine ganz unbestreitbare und einwandfrei feststehende historische Tatsache. Und trotzdem haben die Bolschewiki die Konstituierende Versammlung nicht boykottiert, sondern haben sich sowohl vor als auch nach der Eroberung der politischen Macht durch das Proletariat an den Wahlen beteiligt. Daß diese Wahlen außerordentlich wertvolle (und für das Proletariat im höchsten Grad nützliche) politische Resultate gezeitigt haben, hoffe ich, in dem obenerwähnten Artikel bewiesen zu haben, der das Material über die Wahlen zur Konstituierenden Versammlung in Rußland eingehend analysiert.

Daraus ergibt sich eine ganz unbestreitbare Schlußfolgerung: Es ist bewiesen, daß sogar einige Wochen vor dem Siege der Sowjetrepublik, ja sogar nach diesem Siege die Beteiligung am bürgerlich-demokratischen Parlament dem revolutionären Proletariat nicht nur nicht schadet, sondern es ihm erleichtert, den rückständigen Massen zu beweisen, weshalb solche Parlamente es verdienen, auseinandergejagt zu werden, es ihm erleichtert, sie mit Erfolg auseinanderzujagen, es ihm erleichtert, den bürgerlichen Parlamentarismus „politisch zu erledigen". Diese Erfahrung nicht in Rechnung stellen und gleichzeitig auf die Zugehörigkeit zur Kommunistischen Internationale Anspruch erheben, die ihre Taktik international (nicht als eng oder einseitig nationale, sondern eben als internationale Taktik) auszuarbeiten hat, heißt einen sehr schweren Fehler begehen und vom Internationalismus gerade in der Praxis abweichen, während man ihn in Worten anerkennt.

Betrachten wir nun die „holländisch-linken" Argumente für die Nichtbeteiligung an den Parlamenten. Die wichtigste der obengenannten „holländischen" Thesen, die vierte These, lautet in der Übersetzung (aus dem Englischen) folgendermaßen:

„Wenn das kapitalistische Produktionssystem zusammengebrochen ist und die Gesellschaft sich im Zustand der Revolution befindet, verliert die parlamentarische Aktion, im Vergleich zur Aktion der Massen selbst, allmählich ihre Bedeutung. Wenn unter diesen Umständen das Parlament zum Zentrum und Organ der Konterrevolution wird, andrerseits aber die Arbeiterklasse ihre Machtinstrumente in Gestalt der Sowjets aufbaut – kann es sogar notwendig werden, sich all und jeder Beteiligung an der parlamentarischen Aktion zu enthalten."

Der erste Satz ist offenkundig falsch, denn die Aktion der Massen z.B. ein großer Streik – ist immer und keineswegs nur während der Revolution oder in einer revolutionären Situation wichtiger als die parlamentarische Aktion. Dieses offenkundig unhaltbare, historisch und politisch falsche Argument zeigt nur mit besonderer Anschaulichkeit, daß die Verfasser weder die gesamteuropäischen Erfahrungen (die französische vor den Revolutionen von 1848 und 1870; die deutsche der Jahre 1878 bis 1890 usw.) noch die russischen Erfahrungen (siehe oben), die zeigen, wie wichtig es ist, den legalen und den illegalen Kampf zu verbinden, auch nur im geringsten berücksichtigen. Diese Frage ist im allgemeinen wie auch speziell deswegen von allergrößter Bedeutung, weil in allen zivilisierten und fortgeschrittenen Ländern schnell die Zeit heranrückt, da eine solche Verbindung für die Partei des revolutionären Proletariats immer mehr und mehr zu einer Notwendigkeit wird – teilweise schon geworden ist –, und zwar infolge des Heranreifens und Herannahens des Bürgerkriegs zwischen Proletariat und Bourgeoisie, infolge der wütenden Verfolgungen der Kommunisten durch die republikanischen und überhaupt die bürgerlichen Regierungen, die sich auf jede Art und Weise über die Legalität hinwegsetzen (wie schwer wiegt allein das Beispiel Amerikas) usw. Diese höchst wichtige Frage haben die Holländer und überhaupt die Linken absolut nicht begriffen.

Der zweite Satz ist erstens historisch falsch. Wir Bolschewiki beteiligten uns selbst an den konterrevolutionärsten Parlamenten, und die Erfahrung hat gezeigt, daß eine solche Beteiligung für die Partei des revolutionären Proletariats gerade nach der ersten bürgerlichen Revolution in Rußland (1905) nicht nur nützlich, sondern auch notwendig war, um die zweite bürgerliche (Februar 1917) und dann die sozialistische (Oktober 1917) Revolution vorbereiten zu können. Zweitens ist dieser Satz erstaunlich unlogisch. Daraus, daß das Parlament zum Organ und „Zentrum" der Konterrevolution wird (in Wirklichkeit ist es niemals das „Zentrum" gewesen und kann es auch nicht sein, doch das nur nebenbei) und die Arbeiter ihre Machtinstrumente in Gestalt der Sowjets schaffen, folgt, daß die Arbeiter sich darauf vorbereiten – ideologisch, politisch und technisch vorbereiten – müssen, das Parlament durch die Sowjets zu bekämpfen, das Parlament durch die Sowjets auseinanderzujagen. Daraus folgt aber keineswegs, daß ein solches Auseinanderjagen durch das Vorhandensein einer Sowjetopposition innerhalb des konterrevolutionären Parlaments erschwert oder doch nicht erleichtert würde. Wir haben während unseres siegreichen Kampfes gegen Denikin und Koltschak kein einziges Mal gemerkt, daß das Bestehen einer sowjetischen, einer proletarischen Opposition bei ihnen für unsere Siege gleichgültig gewesen wäre. Wir wissen sehr wohl, daß uns das Auseinanderjagen der Konstituante am 5.1.1918 nicht erschwert, sondern erleichtert worden ist dadurch, daß innerhalb der auseinanderzujagenden konterrevolutionären Konstituante sowohl eine konsequente, die bolschewistische, als auch eine inkonsequente, die linke sozialrevolutionäre, Sowjetopposition vorhanden war. Die Verfasser der These haben sich völlig verheddert und die Erfahrung zahlreicher, wenn nicht aller Revolutionen vergessen, die davon zeugt, daß es zu Revolutionszeiten besonders nützlich ist, die Massenaktionen außerhalb des reaktionären Parlaments mit einer Opposition, die mit der Revolution sympathisiert (oder noch besser: die Revolution direkt unterstützt), innerhalb dieses Parlaments zu verbinden, Die Holländer und die „Linken" überhaupt urteilen hier wie Doktrinäre der Revolution, die an einer wirklichen Revolution niemals teilgenommen oder sich in die Geschichte der Revolutionen nicht vertieft haben oder naiv die subjektive „Ablehnung" einer bestimmten reaktionären Institution für deren tatsächliche Zerstörung durch die vereinten Kräfte einer ganzen Reihe von objektiven Faktoren halten. Das sicherste Mittel, eine neue politische (und nicht nur eine politische) Idee zu diskreditieren und ihr zu schaden, besteht darin, sie ad absurdum zu führen, während man sie verteidigt. Denn jede Wahrheit kann man, wenn man sie „überschwenglich" macht (wie der alte Dietzgen zu sagen pflegte), wenn man sie übertreibt, wenn man sie über die Grenzen ihrer wirklichen Anwendbarkeit hinaus ausdehnt, ad absurdum führen, ja sie wird unter diesen Umständen unvermeidlich absurd. Und eben diesen Bärendienst erweisen die holländischen und die deutschen Linken der neuen Wahrheit, daß die Sowjetmacht den bürgerlich-demokratischen Parlamenten überlegen ist. Selbstverständlich wäre jemand, der so wie früher und ganz allgemein sagen wollte, daß ein Verzicht auf die Beteiligung an bürgerlichen Parlamenten unter keinen Umständen zulässig sei, im Unrecht. Ich kann hier nicht versuchen, die Bedingungen zu formulieren, unter denen ein Boykott von Nutzen ist, denn diese Schrift stellt sich die viel bescheidenere Aufgabe, im Zusammenhang mit einigen brennenden Tagesfragen der internationalen kommunistischen Taktik die russischen Erfahrungen auszuwerten. Die russischen Erfahrungen haben uns einmal (1905) eine erfolgreiche und richtige und ein andermal (1906) eine verfehlte Anwendung des Boykotts durch die Bolschewiki geliefert. Analysieren wir den ersten Fall, so sehen wir, daß es uns gelang, die Einberufung eines reaktionären Parlaments durch die reaktionäre Regierung in einer Situation zu verhindern, da sich die außerparlamentarische revolutionäre Aktion der Massen (insbesondere die Streikbewegung) mit ungewöhnlicher Schnelligkeit ausbreitete, da keine einzige Schicht des Proletariats und der Bauernschaft die reaktionäre Regierung irgendwie unterstützen konnte, da sich das revolutionäre Proletariat durch den Streikkampf und die Agrarbewegung den Einfluß auf die rückständigen breiten Massen gesichert hatte. Es ist vollkommen klar, daß diese Erfahrung auf die gegenwärtigen europäischen Verhältnisse nicht anwendbar ist. Es ist auch vollkommen klar – auf Grund der oben angeführten Argumente –, daß ein Verzicht auf die Beteiligung an den Parlamenten, wie er von den Holländern und den „Linken", wenn auch nur bedingt, verfochten wird, grundfalsch und für die Sache des revolutionären Proletariats schädlich wäre.

In Westeuropa und Amerika hat sich das Parlament den besonderen Haß der fortgeschrittenen Revolutionäre aus der Arbeiterklasse zugezogen. Das ist unbestreitbar. Es ist durchaus begreiflich, denn man kann sich schwerlich etwas Niederträchtigeres, Gemeineres, Verräterischeres vorstellen als das Verhalten der übergroßen Mehrheit der sozialistischen und sozialdemokratischen Abgeordneten im Parlament während des Krieges und nach dem Kriege. Es wäre aber nicht nur unvernünftig, sondern geradezu verbrecherisch, dieser Stimmung nachzugeben, wenn die Frage entschieden werden muß, wie das von allen erkannte Übel zu bekämpfen ist. In vielen Ländern Westeuropas ist die revolutionäre Stimmung jetzt gewissermaßen eine „Neuheit“ oder „Seltenheit“, auf die man allzulange, vergeblich, ungeduldig gewartet hat, und vielleicht gibt man deswegen dieser Stimmung so leicht nach. Natürlich kann ohne revolutionäre Stimmung unter den Massen und ohne Bedingungen, die das Anwachsen einer solchen Stimmung fördern, die revolutionäre Taktik nicht in die Tat umgesetzt werden; wir in Rußland haben uns aber durch allzulange, schwere, blutige Erfahrungen von der Wahrheit überzeugt, daß die revolutionäre Taktik auf revolutionärer Stimmung allein nicht aufgebaut werden kann. Die Taktik muß auf einer nüchternen, streng objektiven Einschätzung aller Klassenkräfte des betreffenden Staates (und der ihn umgebenden Staaten sowie aller Staaten der ganzen Welt) sowie auf der Berücksichtigung der von den revolutionären Bewegungen gesammelten Erfahrungen aufgebaut werden. Es ist sehr leicht, seinen „Revolutionismus“ nur durch Schimpfen auf den parlamentarischen Opportunismus, nur durch Ablehnung der Beteiligung an den Parlamenten zu bekunden, aber gerade weil das nur allzu leicht ist, ist es keine Lösung der schwierigen, überaus schwierigen Aufgabe. In den europäischen Parlamenten ist es viel schwieriger, eine wirklich revolutionäre Parlamentsfraktion zu schaffen, als es in Rußland der Fall war. Gewiß. Aber das ist nur ein besonderer Ausdruck der allgemeinen Wahrheit, daß es für Rußland in der konkreten, historisch außerordentlich eigenartigen Situation von 1917 leicht war, die sozialistische Revolution zu beginnen, während es für Rußland schwerer als für die europäischen Länder sein wird, sie fortzusetzen und zu Ende zu führen. Bereits Anfang 1918 mußte ich auf diesen Umstand hinweisen, und die späteren zweijährigen Erfahrungen haben die Richtigkeit dieser Erwägung vollauf bestätigt. Solche spezifische Bedingungen wie: 1. die Möglichkeit, den Sowjetumsturz mit der dank diesem Umsturz herbeigeführten Beendigung des imperialistischen Krieges zu verbinden, der die Arbeiter und Bauern aufs äußerste erschöpft hatte; 2. die Möglichkeit, eine gewisse Zeit lang den auf Tod und Leben geführten Kampf der beiden weltbeherrschenden Gruppen imperialistischer Räuber auszunutzen, der beiden Gruppen, die sich nicht gegen die Sowjets, ihren Feind, vereinigen konnten; 3. die Möglichkeit – teilweise dank der ungeheuren Ausdehnung des Landes und den schlechten Verkehrsmitteln –, einen verhältnismäßig langwierigen Bürgerkrieg auszuhalten; 4. das Vorhandensein einer so tief gehenden bürgerlich-demokratischen revolutionären Bewegung unter der Bauernschaft, daß die Partei des Proletariats die revolutionären Forderungen von der Partei der Bauern (der Sozialrevolutionäre, einer Partei, die in ihrer Mehrheit dem Bolschewismus ausgesprochen feindlich gegenüberstand) übernehmen und sie dank der Eroberung der politischen Macht durch das Proletariat unverzüglich verwirklichen konnte – solche spezifische Bedingungen sind jetzt in Westeuropa nicht vorhanden, und die Wiederkehr solcher oder ähnlicher Bedingungen ist nicht allzu leicht möglich. Deshalb übrigens ist es, neben einer Reihe anderer Gründe, für Westeuropa schwerer, als es für uns war, die sozialistische Revolution zu beginnen. Diese Schwierigkeit dadurch „umgehen" zu wollen, daß man die schwere Aufgabe der Ausnutzung reaktionärer Parlamente zu revolutionären Zwecken „überspringen" möchte, ist reinste Kinderei. Ihr wollt eine neue Gesellschaft schaffen? und ihr fürchtet Schwierigkeiten bei der Schaffung einer guten Parlamentsfraktion aus überzeugten, treuen, heldenhaften Kommunisten im reaktionären Parlament! Ist das etwa nicht Kinderei? Wenn Karl Liebknecht in Deutschland und Z. Höglund in Schweden es sogar ohne Unterstützung der Massen von unten vermocht haben, Musterbeispiele einer wirklich revolutionären Ausnutzung reaktionärer Parlamente zu geben, warum sollte dann eine rasch wachsende revolutionäre Massenpartei unter den Nachkriegsverhältnissen der Enttäuschung und Erbitterung der Massen nicht imstande sein, sich in den schlimmsten Parlamenten eine kommunistische Fraktion zu schmieden?! Gerade deshalb, weil die rückständigen Massen der Arbeiter und – in noch höherem Grade – der Kleinbauern in Westeuropa viel stärker als in Rußland von bürgerlich-demokratischen und parlamentarischen Vorurteilen durchdrungen sind, gerade deshalb können (und müssen) die Kommunisten nur in solchen Institutionen wie den bürgerlichen Parlamenten von innen heraus den langwierigen, hartnäckigen, vor keinen Schwierigkeiten zurückschreckenden Kampf zur Enthüllung, Zerstreuung und Überwindung dieser Vorurteile führen.

Die deutschen „Linken" klagen über die schlechten „Führer" ihrer Partei und geraten darob in Verzweiflung, wobei sie sich bis zur lächerlichen „Verneinung" der „Führer" versteigen. Aber unter Bedingungen, wo man die „Führer" häufig in der Illegalität verstecken muß, ist es besonders schwer, gute, zuverlässige, erprobte, angesehene „Führer" herauszubilden, und diese Schwierigkeiten kann man nicht mit Erfolg überwinden, ohne die legale und die illegale Arbeit miteinander zu verbinden, ohne die „Führer" unter anderem auch in der Parlamentsarena zu erproben. Die Kritik – und zwar die schärfste, schonungsloseste, unversöhnlichste Kritik – ist nicht gegen den Parlamentarismus oder gegen die parlamentarische Tätigkeit zu richten, sondern gegen jene Führer, die es nicht verstehen, die Parlamentswahlen und die Parlamentstribüne auf revolutionäre, auf kommunistische Art auszunutzen, und noch mehr gegen diejenigen, die das nicht wollen. Nur eine solche Kritik, natürlich verbunden damit, daß man die untauglichen Führer fortjagt und durch taugliche ersetzt, wird eine nützliche und fruchtbringende revolutionäre Arbeit sein, die gleichzeitig sowohl die „Führer" erzieht, damit sie der Arbeiterklasse und der werktätigen Massen würdig sind, als auch die Massen erzieht, damit sie lernen, sich in der politischen Lage zurechtzufinden und die mitunter sehr komplizierten und verwickelten Aufgaben zu verstehen, die sich aus dieser Lage ergeben. [24]

---

24 Ich hatte zuwenig Gelegenheit, den „linken" Kommunismus in Italien kennenzulernen. Unzweifelhaft sind Gen. Bordiga und seine Fraktion der „kommunistischen Boykottisten" (Comunista astensionista) im Unrecht, wenn sie die Nichtbeteiligung am Parlament verfechten. In einem Punkt aber scheint Gen. Bordiga recht zu haben – soweit man sich auf Grund von zwei Nummern seiner Zeitung **Il Soviet** (Nr.3 und 4 vom 18.1. und 1.11.1920), vier Heften der vortrefflichen Zeitschrift des Gen. Serrati **Comunismo** (Nr.1-4 vom 1.X. bis 30.XI. 1919) und einzelner Nummern italienischer bürgerlicher Zeitungen, die zu lesen ich Gelegenheit hatte, ein Urteil bilden kann. Und zwar sind Gen. Bordiga und seine Fraktion im Recht mit ihren Angriffen gegen Turati und dessen Gesinnungsgenossen, die in einer Partei bleiben, welche die Sowjetmacht und die Diktatur des Proletariats anerkannt hat, die Mitglieder des Parlaments bleiben und ihre überaus schädliche, alte, opportunistische Politik fortsetzen. Natürlich machen Gen. Serrati und die gesamte „Italienische Sozialistische Partei" dadurch, daß sie das dulden, einen Fehler, der ebenso großen Schaden anzurichten und eine ebenso große Gefahr heraufzubeschwören droht, wie das in Ungarn der Fall war, wo die ungarischen Herren Turati sowohl die Partei als auch die Rätemacht von innen heraus sabotierten. Dieses falsche, inkonsequente oder charakterlose Verhalten gegenüber den opportunistischen Parlamentariern erzeugt einerseits den „linken" Kommunismus und rechtfertigt anderseits bis zu einem gewissen Grade dessen Existenz. Gen. Serrati hat offenkundig unrecht, wenn er dem Abgeordneten Turati „Inkonsequenz" vorwirft (**Comunismo** Nr.3), denn inkonsequent ist gerade die Italienische Sozialistische Partei, die solche opportunistischen Parlamentarier wie Turati und Co. duldet.

VIII. Keinerlei Kompromisse?

Wir haben im Zitat aus der Frankfurter Broschüre gesehen, mit welcher Entschiedenheit die „Linken" diese Losung aufstellen. Es ist traurig mitanzusehen, wie Leute, die sich zweifellos für Marxisten halten und Marxisten sein möchten, die Grundwahrheiten des Marxismus vergessen haben. Engels, der ebenso wie Marx zu jenen überaus seltenen Schriftstellern gehört, bei denen jeder Satz einer jeden größeren Arbeit von bewundernswerter Tiefe des Inhalts ist, schrieb 1874 gegen das Manifest der 33 blanquistischen Kommunarden folgendes:

> „Wir sind Kommunisten, (schrieben in ihrem Manifest die blanquistischen Kommunarden), weil wir bei unseren Ziel ankommen wollen, ohne uns an Zwischenstationen aufzuhalten, an Kompromissen, die nur den Sieg vertagen und die Sklaverei verlängern'
>
> Die deutschen Kommunisten sind Kommunisten, weil sie durch alle Zwischenstationen und Kompromisse, die nicht von ihnen, sondern von der geschichtlichen Entwicklung geschaffen werden, das Endziel klar hindurchsehn und verfolgen: die Abschaffung der Klassen, die Errichtung einer Gesellschaft, worin kein Privateigentum an der Erde und an den Produktionsmitteln mehr existiert. Die Dreiunddreißig sind Kommunisten, weil sie sich einbilden, sobald sie nur den guten Willen haben, die Zwischenstationen und Kompromisse zu überspringen, sei die Sache abgemacht, und wenn es, wie ja feststeht, dieser Tage ‚losgeht' und sie nur ans Ruder kommen, so sei übermorgen der Kommunismus eingeführt'. Wenn das nicht sofort möglich, sind sie also auch keine Kommunisten.

Kindliche Naivität, die Ungeduld als einen theoretisch überzeugenden Grund anzuführen!" (F. Engels, *Programm der blanquistischen Kommuneflüchtlinge*[25], aus der deutschen sozialdemokratischen Zeitung **Der Volksstaat**, 1874, Nr. 73, nach dem Sammelband **Artikel 1871 bis 1875**, russ. Übersetzung, Petrograd 1919, S. 52/53.)

Engels bringt in demselben Aufsatz seine tiefe Hochschätzung für Vaillant zum Ausdruck und spricht von dem „unbestrittenen Verdienst" Vaillants (der ebenso wie Guesde ein hervorragender Führer des internationalen

---

25 Siehe Friedrich Engels, *Programm der blanquistischen Kommuneflüchtlinge*, in Karl Marx/Friedrich Engels, **Werke**, Bd.18, Berlin 1969, S.533.

Sozialismus gewesen war, bevor beide im August 1914 den Sozialismus verrieten). Aber den offenkundigen Fehler läßt Engels nicht ohne gründliche Analyse. Sehr jungen und unerfahrenen Revolutionären scheint es, natürlich ebenso wie kleinbürgerlichen Revolutionären, sogar wenn sie sehr ehrwürdigen Alters und reich an Erfahrungen sind, außerordentlich „gefährlich", unverständlich, ja falsch zu sein, „Kompromisse zu erlauben". Und viele Sophisten (die übermäßig oder allzu „erfahrene" Politikaster sind) argumentieren ebenso wie die von Gen. Lansbury erwähnten englischen Führer des Opportunismus: „Wenn den Bolschewiki dieses oder jenes Kompromiß erlaubt ist, warum sollen wir dann nicht beliebige Kompromisse schließen dürfen?" Die Proletarier aber, die in zahlreichen Streiks geschult worden sind (um nur diese eine Erscheinungsform des Klassenkampfes herauszugreifen), pflegen sich die von Engels dargelegte überaus tiefe (philosophische, historische, politische und psychologische) Wahrheit ausgezeichnet anzueignen. Jeder Proletarier hat einen Streik mitgemacht, hat „Kompromisse" mit den verhaßten Unterdrückern und Ausbeutern miterlebt, wo die Arbeiter die Arbeit aufnehmen mußten, entweder ohne überhaupt etwas erreicht zu haben oder indem sie darauf eingingen, daß ihre Forderungen nur teilweise befriedigt wurden. Jeder Proletarier erkennt, dank dem Milieu des Massenkampfes und der starken Zuspitzung der Klassengegensätze, in dem er lebt, den Unterschied zwischen einem Kompromiß, das durch die objektiven Verhältnisse erzwungen ist (wenn die Streikkasse leer ist, wenn die Streikenden keine Unterstützung von außen erhalten, wenn sie bis zum äußersten ausgehungert und erschöpft sind), einem Kompromiß, das bei den Arbeitern, die ein solches Kompromiß geschlossen haben, die revolutionäre Hingabe und Bereitschaft zum weiteren Kampf keineswegs beeinträchtigt – und anderseits einem Kompromiß von Verrätern, die ihren Eigennutz (Streikbrecher schließen ebenfalls ein „Kompromiß"!), ihre Feigheit, ihren Wunsch, sich bei den Kapitalisten lieb Kind zu machen, ihre Empfänglichkeit für Einschüchterungen, manchmal auch für Überredungskünste, für Almosen, für Schmeicheleien der Kapitalisten, hinter objektiven Ursachen verbergen (besonders viele solcher Kompromisse von Verrätern finden wir in der Geschichte der englischen Arbeiterbewegung bei den Führern der englischen Trade-Unions, doch haben fast alle Arbeiter in allen Ländern ähnliche Erscheinungen in dieser oder jener Form beobachtet).

Es gibt natürlich einzelne, außerordentlich schwierige und verwickelte Fälle, in denen es nur mit größter Mühe gelingt, den wirklichen Charakter dieses oder jenes „Kompromisses" richtig zu bestimmen, wie es Fälle von Mord gibt, in denen es gar nicht so leicht ist zu entscheiden, ob ein durchaus gerechtfertigter oder sogar notwendiger Totschlag (z.B. in Notwehr) oder eine unverzeihliche Fahrlässigkeit oder gar ein fein eingefädelter heimtückischer Plan vorliegt. Es versteht sich von selbst, daß es in der Politik, wo es sich mitunter um äußerst komplizierte – nationale und internationale – Wechselbeziehungen zwischen den Klassen und Parteien handelt, sehr viele weit schwierigere Fälle geben wird als die Frage, ob ein bestimmtes „Kompromiß" bei einem Streik berechtigt oder ob es das verräterische „Kompromiß" eines Streikbrechers, eines verräterischen Führers usw. war. Ein Rezept oder eine allgemeine Regel, brauchbar für alle Fälle („keinerlei Kompromisse"!), fabrizieren zu wollen wäre Unsinn. Man muß selbst einen Kopf auf den Schultern haben, um sich in jedem einzelnen Fall zurechtzufinden. Gerade darin besteht unter anderem die Bedeutung der Parteiorganisation und der Parteiführer, die diesen Namen verdienen, daß man durch langwierige, hartnäckige, mannigfaltige, allseitige Arbeit aller denkenden Vertreter der gegebenen Klasse[26] die notwendigen Kenntnisse, die notwendigen Erfahrungen, das – neben Wissen und Erfahrung – notwendige politische Fingerspitzengefühl erwirbt, um komplizierte politische Fragen schnell und richtig zu lösen.

Naive und ganz unerfahrene Leute bilden sich ein, es genüge, die Zulässigkeit von Kompromissen überhaupt anzuerkennen – und schon werde jede Grenze verwischt zwischen dem Opportunismus, gegen den wir einen unversöhnlichen Kampf führen und führen müssen, und dem revolutionären Marxismus oder Kommunismus. Wenn aber solche Leute noch nicht wissen, daß alle Grenzen sowohl in der Natur als auch in der Gesellschaft beweglich und bis zu einem gewissen Grade bedingt sind, so ist ihnen nicht anders zu helfen als durch anhaltende Belehrung, Erziehung, Aufklärung, durch politische und alltägliche Erfahrung. Wichtig ist, daß man es versteht, unter den praktischen Fragen der Politik jedes einzelnen oder besonderen historischen Augenblicks diejenigen herauszufinden, in denen die hauptsächliche Spielart der unzulässigen, verräterischen Kompromisse zum Ausdruck kommt, die den für die revolutionäre Klasse verhängnisvollen Opportunismus verkörpern, und alle Kräfte auf die Bloßstellung die-

---

26 In jeder Klasse, sogar unter den Verhältnissen des aufgeklärtesten Landes, sogar in der fortgeschittensten Klasse, die durch die Zeitumstände zu einem außerordentlich hohen Aufschwung aller geistigen Kräfte gelangt ist, gibt es immer Vertreter der Klasse – und wird es, solange Klassen bestehen, solange sich die klassenlose Gesellschaft nicht völlig konsolidiert, gefestigt und auf ihrer eigenen Grundlage entwickelt hat, unvermeidlich immer Vertreter der Klasse geben –, die nicht denken und nicht fähig sind zu denken. Der Kapitalismus wäre nicht der Kapitalismus, der die Massen unterdrückt, wenn dem nicht so wäre.

ser Kompromisse, auf den Kampf gegen sie zu konzentrieren. Während des imperialistischen Krieges 1914-1918 zwischen den zwei Gruppen von Ländern, die gleichermaßen eine Raub- und Eroberungspolitik trieben, war eine solche hauptsächliche, entscheidende Spielart des Opportunismus der Sozialchauvinismus, d.h. das Eintreten für die „Vaterlandsverteidigung", die in einem solchen Kriege praktisch der Verteidigung der räuberischen Interessen der „eigenen" Bourgeoisie gleichkam. Nach dem Kriege waren die Verteidigung des räuberischen „Völkerbundes", die Verteidigung der direkten oder indirekten Bündnisse mit der Bourgeoisie des eigenen Landes gegen das revolutionäre Proletariat und die „Räte"bewegung, die Verteidigung der bürgerlichen Demokratie und des bürgerlichen Parlamentarismus gegen die „Rätemacht" die hauptsächlichen Äußerungen jener unzulässigen und verräterischen Kompromisse, die in ihrer Summe den für das revolutionäre Proletariat und seine Sache verhängnisvollen Opportunismus ergaben.

> „Demzufolge ist jeder Kompromiß mit anderen Parteien... jede Politik des Lavierens und Paktierens mit aller Entschiedenheit abzulehnen..." schreiben die deutschen Linken in der Frankfurter Broschüre.

Ein Wunder, daß diese Linken bei solchen Ansichten den Bolschewismus nicht entschieden verurteilen! Es ist doch unmöglich, daß die deutschen Linken nicht wissen, daß die ganze Geschichte des Bolschewismus, sowohl vor als auch nach der Oktoberrevolution, voll ist von Fällen des Lavierens, des Paktierens, der Kompromisse mit anderen, darunter auch mit bürgerlichen Parteien!

Krieg führen zum Sturz der internationalen Bourgeoisie, einen Krieg, der hundertmal schwieriger, langwieriger, komplizierter ist als der hartnäckigste der gewöhnlichen Kriege zwischen Staaten, und dabei im voraus auf das Lavieren, auf die Ausnutzung von (wenn auch zeitweiligen) Interessengegensätzen zwischen den Feinden, auf Übereinkommen und Kompromisse mit möglichen (wenn auch zeitweiligen, unbeständigen, schwankenden, bedingten) Verbündeten verzichten – ist das nicht über alle Maßen lächerlich? Ist das nicht dasselbe, als wollte man bei einem schwierigen Aufstieg auf einen noch unerforschten und bisher unzugänglichen Berg von vornherein darauf verzichten, manchmal im Zickzack zu gehen, manchmal umzukehren, die einmal gewählte Richtung aufzugeben und verschiedene Richtungen zu versuchen? Und Leute, die so wenig einsichtig und so unerfahren sind (noch gut, wenn sich das durch ihre Jugend erklärt: es ist das natürliche Vorrecht der Jugend, eine Zeitlang solche Dummheiten zu reden), konnten bei manchen Mitgliedern der Kommunistischen Partei Hollands – einerlei, ob direkt oder indirekt, offen oder versteckt, ganz oder teilweise – Unterstützung finden!!

Nach der ersten sozialistischen Revolution des Proletariats, nach dem Sturz der Bourgeoisie in einem Lande, bleibt das Proletariat dieses Landes lange Zeit schwächer als die Bourgeoisie, schon allein wegen der ungeheuren internationalen Verbindungen der Bourgeoisie, dann aber auch infolge der elementar und ständig vor sich gehenden Wiederherstellung, Wiederbelebung des Kapitalismus und der Bourgeoisie durch die kleinen Warenproduzenten des Landes, das die Bourgeoisie gestürzt hat. Einen mächtigeren Gegner kann man nur unter größter Anspannung der Kräfte und nur dann besiegen, wenn man unbedingt aufs angelegentlichste, sorgsamste, vorsichtigste, geschickteste sowohl jeden, selbst den kleinsten „Riß" zwischen den Feinden, jeden Interessengegensatz zwischen der Bourgeoisie der verschiedenen Länder, zwischen den verschiedenen Gruppen oder Schichten der Bourgeoisie innerhalb der einzelnen Länder als auch jede, selbst die kleinste Möglichkeit ausnutzt, um einen Verbündeten unter den Massen zu gewinnen, mag das auch ein zeitweiliger, schwankender, unsicherer, unzuverlässiger, bedingter Verbündeter sein. Wer das nicht begriffen hat, der hat auch nicht einen Deut vom Marxismus und vom wissenschaftlichen, modernen, Sozialismus überhaupt begriffen. Wer nicht während einer recht beträchtlichen Zeitspanne und in recht verschiedenartigen politischen Situationen praktisch bewiesen hat, daß er es versteht, diese Wahrheit in der Tat anzuwenden, der hat noch nicht gelernt, der revolutionären Klasse in ihrem Kampf um die Befreiung der gesamten werktätigen Menschheit von den Ausbeutern zu helfen. Und das Gesagte gilt in gleicher Weise für die Periode vor und nach der Eroberung der politischen Macht durch das Proletariat.

Unsere Theorie ist kein Dogma, sondern eine Anleitung zum Handeln, pflegten Marx und Engels zu sagen[27], und der schwerste Fehler, das schwerste Verbrechen solcher „patentierten" Marxisten wie Karl Kautsky, Otto Bauer u.a. besteht darin, daß sie das nicht begriffen, daß sie es nicht verstanden haben, diese Theorie in den wichtigsten Augenblicken der Revolution des Proletariats anzuwenden. „Die politische Tätigkeit ist nicht

---

27 Lenin bezieht sich auf eine Stelle in dem Brief von Friedrich Engels an F.A. Sorge vom 29. November 1886, wo Engels die in Amerika lebenden deutschen sozialdemokratischen Emigranten kritisiert und sagt, für sie sei die Theorie *„ein Credo, keine Anleitung zum Handeln"*. (Siehe Friedrich Engels, **Werke**, Bd.36, Berlin 1967, S.578.)

das Trottoir des Newski-Prospekts" (das saubere, breite, glatte Trottoir der schnurgeraden Hauptstraße Petersburgs), pflegte schon N.G. Tschernyschewski[28], der große russische Sozialist der vormarxschen Periode, zu sagen. Die russischen Revolutionäre haben seit Tschernyschewski das Ignorieren oder Vergessen dieser Wahrheit mit unzähligen Opfern bezahlt. Es gilt, um jeden Preis zu erreichen, daß die linken Kommunisten und die der Arbeiterklasse ergebenen Revolutionäre Westeuropas und Amerikas die Aneignung dieser Wahrheit nicht so teuer bezahlen, wie die rückständigen Russen sie bezahlt haben.

Die russischen revolutionären Sozialdemokraten haben vor dem Sturz des Zarismus wiederholt die Dienste der bürgerlichen Liberalen in Anspruch genommen, d.h., sie haben eine Menge praktischer Kompromisse mit ihnen geschlossen. In den Jahren 1901 und 1902, noch vor der Entstehung des Bolschewismus, schloß die alte Redaktion der **Iskra** (zu der die Plechanow, Axelrod, Sassulitsch, Martow, Potressow und ich gehörten) ein formelles politisches Bündnis (allerdings nicht auf lange) mit Struve, dem politischen Führer des bürgerlichen Liberalismus, verstand es aber gleichzeitig, ununterbrochen den rücksichtslosesten ideologischen und politischen Kampf gegen den bürgerlichen Liberalismus und gegen die geringsten Äußerungen seines Einflusses innerhalb der Arbeiterbewegung zu führen. Dieser Politik sind die Bolschewiki stets treu geblieben. Seit 1905 haben sie systematisch das Bündnis der Arbeiterklasse mit der Bauernschaft gegen die liberale Bourgeoisie und den Zarismus verfochten, ohne zugleich jemals die Unterstützung der Bourgeoisie gegen den Zarismus (z.B. im zweiten Stadium der Wahlen oder bei Stichwahlen) abzulehnen und ohne den unversöhnlichsten ideologischen und politischen Kampf gegen die bürgerlich-revolutionäre Bauernpartei, die „Sozialrevolutionäre", einzustellen, die sie als kleinbürgerliche, sich fälschlich zu den Sozialisten zählende Demokraten entlarvten. Im Jahre 1907 schlossen die Bolschewiki bei den Wahlen zur Duma auf kurze Zeit formell einen politischen Block mit den „Sozialrevolutionären". Mit den Menschewiki waren wir in den Jahren 1903-1912 wiederholt mehrere Jahre hindurch formell in einer einheitlichen sozialdemokratischen Partei, ohne jemals den ideologischen und politischen Kampf gegen diese Opportunisten und Schrittmacher des bürgerlichen Einflusses auf das Proletariat einzustellen. Während des Krieges gingen wir ein gewisses Kompromiß mit den „Kautskyanern", den linken Menschewiki (Martow) und einem Teil der „Sozialrevolutionäre" (Tscher-

---

28 Siehe N. G. Tschernyschewski, **Ausgewählte ökonomische Schriften**, Bd.II, Moskau 1948, S.550, russ.

now, Natanson) ein, tagten zusammen mit ihnen in Zimmerwald und Kienthal und erließen gemeinsame Manifeste, haben aber niemals den ideologischen und politischen Kampf gegen die „Kautskyaner", gegen die Martow und Tschernow eingestellt oder abgeschwächt (Natanson starb 1919 als uns durchaus nahestehender, mit uns fast solidarischer volkstümlerischer „revolutionärer Kommunist"). Im Augenblick des Oktoberumsturzes schlossen wir einen zwar nicht formellen, aber sehr wichtigen (und sehr erfolgreichen) politischen Block mit der kleinbürgerlichen Bauernschaft, indem wir das Agrarprogramm der Sozialrevolutionäre voll und ganz, ohne jede Änderung, übernahmen, d.h., wir gingen unzweifelhaft ein Kompromiß ein, um den Bauern zu beweisen, daß wir sie nicht majorisieren, sondern uns mit ihnen verständigen wollen. Gleichzeitig schlugen wir den „linken Sozialrevolutionären" einen (bald darauf von uns verwirklichten) formellen politischen Block einschließlich der Teilnahme an der Regierung vor. Nach Abschluß des Brester Friedens sprengten die linken Sozialrevolutionäre diesen Block und gingen später, im Juli 1918, zum bewaffneten Aufstand gegen uns und in der Folgezeit zum bewaffneten Kampf gegen uns über.

Es ist daher begreiflich, daß wir die Angriffe der deutschen Linken gegen die Zentrale der Kommunistischen Partei Deutschlands, weil sie den Gedanken an einen Block mit den „Unabhängigen" (der „Unabhängigen Sozialdemokratischen Partei Deutschlands", den Kautskyanern) zuläßt, für ganz unernst halten und in ihnen einen klaren Beweis dafür sehen, daß die „Linken" unrecht haben. Bei uns in Rußland gab es ebenfalls rechte Menschewiki (die der Regierung Kerenski angehörten), die den deutschen Scheidemännern entsprechen, und linke Menschewiki (Martow), die zu den rechten Menschewiki in Opposition standen und den deutschen Kautskyanern entsprechen. Den allmählichen Übergang der Arbeitermassen von den Menschewiki zu den Bolschewiki konnten wir deutlich im Jahre 1917 beobachten: Auf dem 1. Gesamtrussischen Sowjetkongreß im Juni 1917 hatten wir nur 13 Prozent der Stimmen. Die Mehrheit gehörte den Sozialrevolutionären und den Menschewiki. Auf dem II. Sowjetkongreß (am 25.10.1917 alten Stils) hatten wir 51 Prozent der Stimmen. Warum hat in Deutschland derselbe, völlig gleichartige Drang der Arbeiter von rechts nach links nicht sofort zur Stärkung der Kommunisten, sondern zunächst zur Stärkung der Zwischenpartei der „Unabhängigen" geführt, obwohl diese Partei niemals irgendwelche selbständigen politischen Ideen besaß, niemals eine selbständige Politik trieb, sondern stets nur zwischen den Scheidemännern und den Kommunisten hin und her schwankte?

Eine der Ursachen war offensichtlich die fehlerhafte Taktik der deutschen Kommunisten, die diesen Fehler furchtlos und ehrlich zugeben und lernen müssen, ihn zu korrigieren. Der Fehler bestand darin, daß sie eine Beteiligung am reaktionären, bürgerlichen Parlament und an den reaktionären Gewerkschaften verwarfen; der Fehler bestand in zahlreichen Äußerungen jener „linken" Kinderkrankheit, die jetzt offen zum Ausbruch gekommen ist und um so gründlicher, um so schneller, mit um so größerem Nutzen für den Organismus kuriert werden wird.

Die Zusammensetzung der „Unabhängigen Sozialdemokratischen Partei Deutschlands" ist ausgesprochen uneinheitlich: Neben den alten opportunistischen Führern (Kautsky, Hilferding, in hohem Grade offenbar auch Crispien, Ledebour u.a.), die ihre Unfähigkeit bewiesen haben, die Bedeutung der Rätemacht und der Diktatur des Proletariats zu erfassen und den revolutionären Kampf des Proletariats zu leiten, hat sich in dieser Partei ein linker, proletarischer Flügel gebildet, der erfreulich rasch anwächst. Hunderttausende Mitglieder dieser Partei (die, glaube ich, ungefähr drei Viertel Millionen Mitglieder zählt) sind Proletarier, die Scheidemann den Rücken kehren und sich rasch dem Kommunismus zuwenden. Dieser proletarische Flügel hat schon auf dem Leipziger Parteitag der Unabhängigen (1919) den sofortigen und bedingungslosen Anschluß an die III. Internationale beantragt. Ein „Kompromiß" mit diesem Flügel der Partei zu fürchten wäre geradezu lächerlich. Im Gegenteil, die Kommunisten müssen unbedingt die geeignete Form eines Kompromisses mit ihm suchen und finden, eines Kompromisses, das einerseits die notwendige völlige Verschmelzung mit diesem Flügel erleichtern und beschleunigen, andererseits aber die Kommunisten in ihrem ideologischen und politischen Kampf gegen den opportunistischen rechten Flügel der „Unabhängigen" in keiner Weise behindern würde. Wahrscheinlich wird es nicht leicht sein, die geeignete Form eines Kompromisses zu finden, aber nur ein Scharlatan könnte den deutschen Arbeitern und den deutschen Kommunisten einen „leichten" Weg zum Sieg versprechen.

Der Kapitalismus wäre nicht Kapitalismus, wenn das „reine" Proletariat nicht von einer Masse außerordentlich mannigfaltiger Übergangstypen vom Proletarier zum Halbproletarier (der seinen Lebensunterhalt zur Hälfte durch Verkauf seiner Arbeitskraft erwirbt), vom Halbproletarier zum Kleinbauern (und kleinen Handwerker, Hausindustriellen, Kleinbesitzer überhaupt), vom Kleinbauern zum Mittelbauern usw. umgeben wäre, wenn es innerhalb des Proletariats selbst nicht Unterteilungen in mehr oder minder entwickelte Schichten, Gliederungen nach Landsmannschaften, nach Berufen, manchmal nach Konfessionen usw. gäbe. Aus alledem aber ergibt sich für die Vorhut des Proletariats, für seinen klassenbewußten Teil, für die kommunistische Partei absolut unumgänglich die Notwendigkeit, die unbedingte Notwendigkeit, zu lavieren, Übereinkommen und Kompromisse mit verschiedenen proletarischen Gruppen, mit verschiedenen Parteien der Arbeiter und der Kleinbesitzer zu schließen. Es kommt nur darauf an, daß man es versteht, diese Taktik so anzuwenden, daß sie zur Hebung und nicht zur Senkung des allgemeinen Niveaus des proletarischen Klassenbewußtseins, des revolutionären Geistes, der Kampf- und Siegesfähigkeit beiträgt. übrigens muß bemerkt werden, daß der Sieg der Bolschewiki über die Menschewiki nicht nur vor der Oktoberrevolution 1917, sondern auch nachher die Anwendung der Taktik des Lavierens, der Übereinkommen und Kompromisse erforderte, natürlich nur eines solchen Lavierens, solcher Übereinkommen und Kompromisse, die den Sieg erleichterten und beschleunigten und die Bolschewiki auf Kosten der Menschewiki festigten und stärkten. Die kleinbürgerlichen Demokraten (darunter auch die Menschewiki) schwanken unvermeidlich zwischen Bourgeoisie und Proletariat, zwischen bürgerlicher Demokratie und Sowjetsystem, zwischen Reformismus und Revolutionismus, zwischen Liebe zu den Arbeitern und Furcht vor der proletarischen Diktatur usw. Die richtige Taktik der Kommunisten muß darin bestehen, daß man diese Schwankungen ausnutzt, keineswegs darin, daß man sie ignoriert. Um sie auszunutzen, muß man Zugeständnisse an diejenigen Elemente machen, die sich dem Proletariat zuwenden, und zwar dann, wenn sie sich dem Proletariat zuwenden, und insoweit, wie sie sich dem Proletariat zuwenden – gleichzeitig aber muß man den Kampf gegen diejenigen führen, die zur Bourgeoisie abschwenken. Die Anwendung der richtigen Taktik hatte zur Folge, daß der Menschewismus bei uns immer mehr zerfiel und auch weiter zerfällt, daß die verbohrten opportunistischen Führer isoliert werden und daß die besten Arbeiter, die besten Elemente aus der kleinbürgerlichen Demokratie in unser Lager übergehen. Das ist ein langwieriger Prozeß, und durch einen übers Knie gebrochenen „Beschluß": „keinerlei Kompromisse, keinerlei Lavieren!" kann man dem Wachstum des Einflusses des revolutionären Proletariats und der Mehrung seiner Kräfte nur schaden.

Ein unzweifelhafter Fehler der „Linken" in Deutschland ist schließlich, daß sie starrköpfig darauf bestehen, den Versailler Frieden nicht anzuerkennen. Je „solider" und „gewichtiger", je „entschiedener" und kategorischer diese Ansicht z.B. von K. Horner formuliert wird, desto unkluger wirkt das. Es genügt nicht, sich von den himmelschreienden Absurditäten des „Nationalbolschewismus" (Laufenbergs u.a.) loszusagen, der sich unter den gegenwärtigen Bedingungen der internationalen proletarischen Revolution – bis zu einem Block mit der deutschen Bourgeoisie zum Krieg gegen die Entente verstiegen hat. Man muß verstehen, daß eine Taktik von Grund aus falsch ist, die nicht zugeben will, daß es für ein Rätedeutschland (wenn bald eine deutsche Räterepublik entstehen sollte) unbedingt notwendig sein kann, den Versailler Frieden eine Zeitlang anzuerkennen und sich ihm zu fügen. Daraus folgt nicht, daß die „Unabhängigen" recht hatten, die zu einer Zeit, als in der Regierung die Scheidemänner saßen, als die Rätemacht in Ungarn noch nicht gestürzt war, als die Möglichkeit der Unterstützung Räteungarns durch eine Räterevolution in Wien noch nicht ausgeschlossen war – die unter den damaligen Bedingungen forderten, daß der Versailler Friedensvertrag unterzeichnet werde. Damals lavierten und manövrierten die „Unabhängigen" sehr schlecht, denn sie übernahmen mehr oder minder die Verantwortung für die verräterischen Scheidemänner und glitten mehr oder weniger vom Standpunkt des schonungslosen (und kaltblütig geführten) Klassenkrieges gegen die Scheidemänner auf einen Standpunkt „ohne Klassen" oder „über den Klassen" hinab.

Gegenwärtig ist aber die Lage unverkennbar so, daß die Kommunisten Deutschlands sich nicht die Hände binden und nicht versprechen dürfen, im Fall eines Sieges des Kommunismus den Versailler Friedensvertrag unbedingt und unter allen Umständen zu annullieren. Das wäre eine Dummheit. Sie müssen sagen: Die Scheidemänner und Kautskyaner haben eine Reihe von Verrätereien begangen, die das Bündnis mit Sowjetrußland und mit Räteungarn erschwert (zum Teil direkt unmöglich gemacht) haben. Wir Kommunisten werden ein solches Bündnis mit allen Mitteln erleichtern und vorbereiten, wobei wir keineswegs verpflichtet sind, den Versailler Frieden unbedingt, und zwar sofort zu annullieren. Die Möglichkeit, ihn mit Erfolg zu annullieren, hängt nicht nur von den deutschen, sondern auch von den internationalen Erfolgen der Rätebewegung ab. Diese Bewegung wurde von den Scheidemännern und Kautskyanern gehemmt, wir aber fördern sie. Das ist der Kern der Sache, das ist der grundlegende Unterschied. Und wenn unsere Klassenfeinde, die Ausbeuter, und ihre Lakaien, die Scheidemänner und Kautskyaner, eine ganze Reihe von Möglichkeiten verpaßt haben, die deutsche wie die internationale Rätebewegung, die deutsche wie die internationale Räterevolution zu stärken, so fällt die Schuld auf sie. Die Räterevolution in Deutschland wird die internationale Rätebewegung stärken, die das stärkste Bollwerk (und das einzig zuverlässige, unbezwingbare, international machtvolle Bollwerk) gegen den Versailler Frieden, gegen den internationalen Imperialismus überhaupt ist. Die

Befreiung vom Versailler Frieden unbedingt, unter allen Umständen und unverzüglich an die erste Stelle, vor die Frage nach der Befreiung der anderen vom Imperialismus unterdrückten Länder vom Joch des Imperialismus zu setzen ist kleinbürgerlicher Nationalismus (der Kautsky, Hilferding, Otto Bauer und Co. würdig), aber kein revolutionärer Internationalismus. Der Sturz der Bourgeoisie in einem beliebigen großen europäischen Land, darunter auch in Deutschland, ist ein solches Plus für die internationale Revolution, daß man seinetwegen – wenn es notwendig sein sollte – auf eine längere Gültigkeit des Versailler Friedens eingehen kann und muß. Wenn Rußland allein imstande war, zum Nutzen für die Revolution mehrere Monate lang den Brester Frieden zu ertragen, so ist nichts Unmögliches daran, daß ein Rätedeutschland im Bunde mit Sowjetrußland zum Nutzen für die Revolution eine längere Gültigkeit des Versailler Friedens erträgt.

Die Imperialisten Frankreichs, Englands usw. provozieren die deutschen Kommunisten, stellen ihnen eine Falle: „Sagt doch, daß ihr den Versailler Frieden nicht unterschreiben werdet!" Und die linken Kommunisten gehen wie Kinder in die ihnen gestellte Falle, anstatt geschickt gegen den heimtückischen und im gegebenen Augenblick stärkeren Feind zu manövrieren, anstatt ihm zu sagen: „Jetzt werden wir den Versailler Frieden unterschreiben." Sich im voraus die Hände zu binden, dem Feind, der heute besser gerüstet ist als wir, offen zu sagen, ob und wann wir mit ihm Krieg führen werden, ist eine Dummheit und keine revolutionäre Tat. Den Kampf aufzunehmen, wenn das offenkundig für den Feind und nicht für uns günstig ist, ist ein Verbrechen, und Politiker der revolutionären Klasse, die nicht *„zu lavieren, Übereinkommen und Kompromisse zu schließen"* verstehen, um einem offenkundig unvorteilhaften Kampf auszuweichen, sind keinen Pfifferling wert.

IX. Der „linke" Kommunismus in England

In England gibt es noch keine kommunistische Partei, aber es gibt unter den Arbeitern eine frische, breite, machtvolle, rasch anwachsende kommunistische Bewegung, die zu den schönsten Hoffnungen berechtigt; es gibt einige politische Parteien und Organisationen (die „Britische Sozialistische Partei"[29], die „Sozialistische Arbeiterpartei", die „Sozialistische Gesellschaft von Süd-Wales", die „Sozialistische Arbeiterföderation"[30], die eine kommunistische Partei gründen wollen und darüber bereits miteinander verhandeln. In der Zeitung **The Workers' Dreadnought** (Jahrgang VI, Nr.48 vom 21.2.1920), dem Wochenblatt der letzten unter den aufgezähl-

---

29 Die „Britische Sozialistische Partei" (British Socialist Party) wurde 1911 in Manchester gegründet. Die Partei trieb Propaganda und Agitation im Geiste des Marxismus und war eine Partei, die *„nicht opportunistisch, sondern von den Liberalen wirklich unabhängig ist"* (Lenin). Ihre zahlenmäßige Schwäche und ihre Losgelöstheit von den Massen verliehen ihr einen gewissen sektiererischen Charakter. Während des ersten Weltkriegs bildeten sich in der Partei zwei Richtungen heraus: eine offen sozialchauvinistische unter der Führung von Hyndman und eine internationalistische unter der Führung von A. Inkpin und anderen. Die Jahreskonferenz der BSP, die 1916 in Salford stattfand, verurteilte die sozialchauvinistische Position Hyndmans und seiner Anhänger, worauf diese aus der Partei austraten. Seitdem hatten die internationalistischen Elemente in der BSP die Führung inne. Die Britische Sozialistische Partei spielte eine bedeutende Rolle bei der Gründung der Kommunistischen Partei Großbritanniens. Auf dem Vereinigungsparteitag 1920 trat die überwiegende Mehrheit der örtlichen Organisationen der BSP in die Kommunistische Partei über.

30 Die „Sozialistische Arbeiterpartei" entstand 1903 in Schottland aus einer Gruppe linker Sozialdemokraten, die sich von der Sozialdemokratischen Föderation abgespalten hatten. Die „Sozialistische Gesellschaft von Süd-Wales" war eine kleinere Gruppe, die sich vorwiegend aus revolutionären Bergarbeitern von Wales zusammensetzte. Die „Sozialistische Arbeiterföderation" war eine zahlenmäßig schwache Organisation, die im Mai 1918 aus der „Gesellschaft zur Verfechtung des Wahlrechts der Frauen" hervorgegangen war und hauptsächlich aus Frauen bestand. Bei der Gründung der Kommunistischen Partei Großbritanniens (der Gründungsparteitag fand am 31. Juli und 1. August 1920 statt), die in ihr Programm die Beteiligung der Partei an den Parlamentswahlen und den Anschluß an die Labour Party aufnahm, schlossen sich die obengenannten Organisationen, die sektiererische Auffassungen vertraten, nicht der Kommunistischen Partei an. Im Januar 1921 vereinigten sich die „Sozialistische Gesellschaft von Süd-Wales" und die „Sozialistische Arbeiterföderation", die inzwischen den Namen „Kommunistische Partei (Britische Sektion der III. Internationale)" angenommen hatte, mit der Kommunistischen Partei Großbritanniens. Die Führung der „Sozialistischen Arbeiterpartei" lehnte den Zusammenschluß ab.

ten Organisationen, das von Genossin Sylvia Pankhurst redigiert wird, finden wir ihren Artikel *Auf dem Weg zu einer kommunistischen Partei*. Der Artikel schildert den Gang der Verhandlungen zwischen den vier genannten Organisationen über die Bildung einer einheitlichen kommunistischen Partei auf der Grundlage des Anschlusses an die III. Internationale, der Anerkennung des Sowjetsystems (an Stelle des Parlamentarismus) und der Diktatur des Proletariats. Wie sich herausstellt, sind ein Haupthindernis für die sofortige Gründung einer einheitlichen kommunistischen Partei Meinungsverschiedenheiten aber die Frage der Beteiligung am Parlament und des Anschlusses der neuen kommunistischen Partei an die alte, zünftlerische, vorwiegend aus Trade-Unions zusammengesetzte opportunistische und sozialchauvinistische „Arbeiterpartei". Die „Sozialistische Arbeiterföderation" wie auch die „Sozialistische Arbeiterpartei"[31] sprechen sich gegen die Beteiligung an den Parlamentswahlen und am Parlament, gegen den Anschluß an die „Arbeiterpartei" aus; ihre Ansichten weichen in dieser Beziehung von denen aller oder der meisten Mitglieder der Britischen Sozialistischen Partei ab, die in ihren Augen den *„rechten Flügel der kommunistischen Parteien"* in England bildet. (S.5, der erwähnte Artikel von Sylvia Pankhurst.)

Die grundlegende Teilung ist demnach dieselbe wie in Deutschland, trotz der ungeheuren Unterschiede in der Form, in der die Meinungsverschiedenheiten hervortreten (in Deutschland kommt diese Form der „russischen" weit näher als in England), und in einer ganzen Reihe anderer Umstände. Sehen wir uns nun die Argumente der „Linken" näher an.

In der Frage der Beteiligung am Parlament beruft sich Genossin Sylvia Pankhurst auf einen in derselben Nummer veröffentlichten Artikel des Genossen W. Gallacher, der im Namen des „Schottischen Arbeiterrats" in Glasgow folgendes schreibt:

„Dieser Arbeiterrat ist entschieden antiparlamentarisch, und hinter ihm steht der linke Flügel verschiedener politischer Organisationen.

Wir vertreten die revolutionäre Bewegung in Schottland, die bestrebt ist, in den Industrien [den verschiedenen Produktionszweigen] eine revolutionäre Organisation und im ganzen Land eine kommunistische Partei, die sich auf soziale Komitees gründet, aufzubauen. Lange Zeit haben wir uns mit den offiziellen Parlamentariern herumgezankt. Wir haben es nicht für nötig gehalten, ihnen of-

---

31 Wie es scheint, ist diese Partei gegen den Anschluß an die „Arbeiterpartei", aber nicht einhellig gegen die Beteiligung am Parlament.

fen den Krieg zu erklären, sie aber **fürchten sich**, den Angriff gegen uns zu eröffnen.

Eine solche Lage der Dinge kann jedoch nicht lange andauern. Wir sind dabei, auf der ganzen Linie zu siegen.

Die einfachen Mitglieder der Unabhängigen Arbeiterpartei in Schottland werden mehr und mehr angewidert von dem Gedanken an das Parlament, und fast alle Ortsgruppen sind für Sowjets [das russische Wort wird hier in englischer Transkription gebraucht] oder Arbeiterräte.

Das ist natürlich eine sehr ernste Sache für die Herrschaften, die die Politik als Beruf (als Einkommenquelle) betrachten, und sie setzen alle Hebel in Bewegung, um ihre Mitglieder zur Rückkehr in den Schoß des Parlamentarismus zu bewegen.

Die revolutionären Genossen **dürfen** diese Bande **nicht** unterstützen [Hervorhebungen überall vom Verfasser] Hier steht uns ein schwerer Kampf bevor. Einer seiner schlimmsten Züge wird der Verrat derjenigen sein, die sich mehr von persönlicher Ambition als von den Interessen der Revolution leiten lassen.

Jede Unterstützung des Parlamentarismus trägt ganz einfach dazu bei, daß die Macht in die Hände unserer britischen Scheidemänner und Noske gelangt. Henderson, Clynes und Co. sind hoffnungslos reaktionär. Die offizielle Unabhängige Arbeiterpartei gerät immer mehr unter den Einfluß bürgerlicher Liberaler, die ‚... ein geistiges Asyl‘ im Lager der Herren MacDonald, Snowden und Co. gefunden haben. Die offizielle Unabhängige Arbeiterpartei steht der Dritten Internationale in bitterer Feindschaft gegenüber, während die einfachen Mitglieder dafür sind. Die opportunistischen Parlamentarier irgendwie unterstützen heißt einfach, diesen Herrschaften in die Hände arbeiten.

Die Britische Sozialistische Partei spielt hier gar keine Rolle ... Hier bedarf es einer gesunden, revolutionären Industrieorganisation und einer kommunistischen Partei, die nach klaren, genau festgelegten wissenschaftlichen Grundsätzen handelt. Können unsere Genossen uns helfen, solche Organisationen zu schaffen, so werden wir ihre Hilfe gern annehmen; können sie das nicht, so mögen sie um Himmels willen ihre Finger davonlassen, wenn sie nicht die Revolution verraten wollen, indem sie die Reaktionäre unterstützen, die so eifrig nach parlamentarischen ‚Ehren‘ (?)“ (Fragezeichen vom Verfasser) „verlangen und die vor Begierde brennen, zu beweisen, daß sie ebenso gut regieren können wie die Politiker aus der Klasse der ‚Bosse‘ selbst.“

Dieser Brief an die Redaktion drückt, meiner Ansicht nach, glänzend die Stimmung und den Standpunkt der jungen Kommunisten oder der unter der Masse Arbeitenden aus, die eben erst begonnen haben, zum Kommunismus zu stoßen. Diese Stimmung ist im höchsten Grade erfreulich und wertvoll; man muß sie zu schätzen und zu unterstützen wissen, denn ohne sie wäre auf einen Sieg der proletarischen Revolution in England – und auch in jedem anderen Land – nicht zu hoffen. Mit Leuten, die einer solchen Stimmung der Massen Ausdruck zu geben und bei den Massen eine derartige (sehr oft schlummernde, noch nicht bewußte, noch nicht geweckte) Stimmung hervorzurufen verstehen, muß man behutsam umgehen und ihnen fürsorglich auf jede Art und Weise helfen. Gleichzeitig aber muß man ihnen unumwunden und offen sagen, daß die Stimmung allein nicht genügt, um die Massen im großen revolutionären Kampf zu führen, und daß die und die Fehler, die der Sache der Revolution treu ergebene Menschen begehen können oder schon begehen, Fehler sind, die der Revolution zu schaden vermögen. Der Brief des Gen. Gallacher an die Redaktion zeigt unzweifelhaft die Keime aller jener Fehler, die von den deutschen „linken" Kommunisten gemacht werden und die von den russischen „linken" Bolschewiki in den Jahren 1908 und 1918 gemacht worden sind.

Der Verfasser des Briefes ist erfüllt von edelstem proletarischem Haß auf die bürgerlichen „Klassenpolitiker" (einem Haß, der allerdings nicht nur den Proletariern, sondern auch allen anderen Werktätigen, allen, um einen deutschen Ausdruck zu gebrauchen, „kleinen Leuten" einleuchtend und verständlich ist). Dieser Haß des Vertreters der unterdrückten und ausgebeuteten Massen ist wahrlich „aller Weisheit Anfang", die Grundlage einer jeden sozialistischen und kommunistischen Bewegung und ihrer Erfolge. Aber der Verfasser berücksichtigt offenbar nicht, daß die Politik eine Wissenschaft und Kunst ist, die nicht vom Himmel fällt, die einem nicht in die Wiege gelegt wird, und daß das Proletariat, wenn es die Bourgeoisie besiegen will, seine eigenen, proletarischen „Klassenpolitiker" hervorbringen muß, und zwar Politiker, die nicht schlechter sein dürfen als die bürgerlichen Politiker.

Der Briefschreiber hat ausgezeichnet begriffen, daß nicht das Parlament, sondern nur die Arbeiterräte das Werkzeug sein können, mit dem die Ziele des Proletariats zu erreichen sind, und natürlich ist derjenige, der das bis jetzt noch nicht begriffen hat, der schlimmste Reaktionär, mag er auch der größte Gelehrte, der erfahrenste Politiker, der aufrichtigste Sozialist, der belesenste Marxist, der ehrlichste Staatsbürger und Familienvater sein.

Aber der Briefschreiber stellt nicht einmal die Frage, denkt gar nicht nach über die Notwendigkeit, die Frage zu stellen, ob man die Räte zum Sieg über das Parlament führen kann, ohne „Räte"politiker innerhalb des Parlaments zu haben, ohne den Parlamentarismus von innen heraus zu zersetzen, ohne im Schoße des Parlaments den Erfolg der Rate bei der ihnen zufallenden Aufgabe der Auseinanderjagung des Parlaments vorzubereiten. Dabei äußert der Verfasser des Briefes den ganz richtigen Gedanken, daß eine kommunistische Partei in England nach wissenschaftlichen Grundsätzen wirken müsse. Die Wissenschaft erfordert erstens, daß man die Erfahrung anderer Länder in Betracht zieht, besonders wenn andere, gleichfalls kapitalistische Länder eine ganz ähnliche Erfahrung durchmachen oder unlängst durchgemacht haben; zweitens, daß man alle Kräfte, Gruppen, Parteien, Klassen, Massen, die innerhalb des betreffenden Landes wirken, in Rechnung stellt und die Politik keineswegs nur auf Grund der Wünsche und Ansichten, des Grades des Klassenbewußtseins und der Kampfbereitschaft nur einer Gruppe oder Partei bestimmt.

Daß die Henderson, Clynes, MacDonald und Snowden hoffnungslos reaktionär sind, das stimmt. Ebenso stimmt es, daß sie in den Besitz der Macht kommen wollen (wobei sie, nebenbei bemerkt, eine Koalition mit der Bourgeoisie vorziehen), daß sie nach denselben althergebrachten bürgerlichen Regeln „regieren" wollen, daß sie, einmal zur Macht gelangt, sich unweigerlich ebenso verhalten werden wie die Scheidemänner und Noske. Das alles stimmt. Aber daraus folgt keineswegs, daß eine Unterstützung dieser Leute Verrat an der Revolution ist, vielmehr folgt daraus, daß die Revolutionäre der Arbeiterklasse im Interesse der Revolution diesen Herrschaften eine gewisse parlamentarische Unterstützung gewähren müssen. Um diesen Gedanken klarzumachen, will ich zwei englische politische Dokumente aus der letzten Zeit anführen: 1. die Rede des: Premierministers Lloyd George vom 18.3.1920 (nach dem Bericht des **Manchester Guardian** vom 19.3.1920) und 2. die Betrachtungen der Genossin Sylvia Pankhurst, einer „linken" Kommunistin, in ihrem obenerwähnten Artikel.

Lloyd George polemisierte in seiner Rede gegen Asquith (der speziell zur Versammlung eingeladen worden war, aber abgelehnt hatte zu erscheinen) und gegen diejenigen Liberalen, die keine Koalition mit den Konservativen, sondern eine Annäherung an die Arbeiterpartei wünschen. (In dem Brief des Gen. Gallacher an die Redaktion finden wir ebenfalls einen Hinweis auf die Tatsache, daß Liberale zur Unabhängigen Arbeiterpartei übertreten.) Lloyd George suchte zu beweisen, daß eine Koalition der Liberalen mit den Konservativen, und zwar eine enge Koalition, notwendig sei, denn sonst könne die Arbeiterpartei siegen, die Lloyd George als Sozialistische Partei *„zu bezeichnen vorzieht"* und die das „Gemeineigentum" an den Produktionsmitteln anstrebe. *„In Frankreich hieß das Kommunismus!"*, erläuterte der Führer der englischen Bourgeoisie in populärer Weise seinen Zuhörern, den Mitgliedern der parlamentarischen Liberalen Partei, die das bisher vermutlich nicht gewußt haben, *„in Deutschland hieß das Sozialismus, und in Rußland heißt es Bolschewismus."* Für die Liberalen, legte Lloyd George dar, sei das grundsätzlich unannehmbar, denn die Liberalen seien grundsätzlich für das Privateigentum. *„Die Zivilisation ist in Gefahr"*, erklärte der Redner, und deshalb müßten die Liberalen und die Konservativen zusammengehen ...

> „Wenn Sie in die landwirtschaftlichen Bezirke gehen", führte Lloyd George aus, „so werden Sie dort – einverstanden – die alten Parteigliederungen so stark wie je vorfinden. Sie sind weitab von der Gefahr. Die Gefahr pocht nicht an ihre Türen. Kommt es aber erst soweit, so wird dort die Gefahr ebenso groß sein wie jetzt in manchen industriellen Wahlkreisen. Vier Fünftel der Bevölkerung unseres Landes leben von Industrie und Handel, kaum ein Fünftel von der Landwirtschaft. Das ist ein Umstand, den ich ständig im Auge habe, wenn ich über die Gefahren nachdenke, die uns die Zukunft bringt. Frankreich hat eine Agrarbevölkerung, und es gibt dort für die öffentliche Meinung eine solide Basis, die sich nicht sehr rasch ändert und sich durch revolutionäre Bewegungen nicht sehr leicht erschüttern läßt. Bei uns liegen die Dinge anders. Unser Land ist kopflastiger als irgendein anderes Land der Welt, und wenn es ins Schlingern gerät, so wird aus dem erwähnten Grunde die Katastrophe hier größer sein als in irgendeinem anderen Land."

Der Leser sieht daraus, daß Herr Lloyd George nicht nur ein sehr kluger Mann ist, sondern auch viel von den Marxisten gelernt hat. Es wird nicht schaden, wenn auch wir von Lloyd George lernen.

Interessant ist noch die folgende Episode aus der Diskussion, zu der es nach der Rede Lloyd Georges kam:

> **Herr Wallace:** „Ich möchte fragen, wie der Premierminister die Wirkung, seiner Politik in den industriellen Wahlkreisen auf die Industriearbeiter beurteilt, von denen gegenwärtig so viele Liberale sind und von denen wir so große Unterstützung erhalten. Könnte das nicht dazu führen, daß die Arbeiterpartei von Leuten, die uns gegenwärtig aufrichtig unterstützen, unmittelbar einen überwältigenden Kräftezuwachs bekommt?"

Der Premierminister: „Ich bin völlig anderer Ansicht. Die Tatsache, daß Liberale einander bekämpfen, treibt zweifelsohne eine sehr beträchtliche Anzahl von Liberalen aus Verzweiflung zur Arbeiterpartei, wo bereits eine ganze Menge von Liberalen, sehr fähigen Leuten, zu finden ist, die sich damit befassen, die Regierung zu diskreditieren. Die Folge ist zweifellos, daß sich die öffentliche Meinung stark zugunsten der Arbeiterpartei ändert. Sie wandelt sich nicht zugunsten der Liberalen, die außerhalb stehen, sondern zugunsten der Arbeiterpartei. Das zeigen die Nachwahlen."

Nebenbei bemerkt, zeigt diese Betrachtung besonders deutlich, wie sich die gescheitesten Leute der Bourgeoisie verheddert haben und unweigerlich nicht wiedergutzumachende Dummheiten begehen. Daran wird die Bourgeoisie denn auch zugrunde gehen. Unsere Leute aber können sich sogar Dummheiten leisten (allerdings dürfen diese Dummheiten nicht sehr groß sein und müssen rechtzeitig korrigiert werden), und doch werden sie schließlich die Sieger sein.

Das andere politische Dokument sind folgende Betrachtungen einer „linken" Kommunistin, der Genossin Sylvia Pankhurst:

„Genosse Inkpin" (der Sekretär der Britischen Sozialistischen Partei) „bezeichnet die Arbeiterpartei als ‚die wichtigste Organisation der Bewegung der Arbeiterklasse'. Ein anderer Genosse von der Britischen Sozialistischen Partei hat auf der kürzlichen Konferenz der III. Internationale die Auffassung der Britischen Sozialistischen Partei noch drastischer zum Ausdruck gebracht. Er sagte: ‚Wir betrachten die Arbeiterpartei als die organisierte Arbeiterklasse.'

Wir teilen diese Ansicht über die Arbeiterpartei nicht. Die Arbeiterpartei ist zahlenmäßig sehr stark, obgleich ihre Mitglieder zu einem großen Teil passiv und apathisch sind. Das sind Männer und Frauen, die den Trade-Unions beigetreten sind, weil ihre Arbeitskollegen Trade-Unionisten sind und weil sie Unterstützung beziehen wollen.

Wir erkennen jedoch an, daß die zahlenmäßige Stärke der Arbeiterpartei auch darauf zurückzuführen ist, daß sie die Schöpfung einer Schule des Denkens darstellt, über deren Grenzen die Mehrheit der britischen Arbeiterklasse noch nicht hinausgekommen ist, obwohl sich große Änderungen in den Köpfen der Menschen vorbereiten, die die Lage bald ändern werden ...

... Die Britische Arbeiterpartei wird ebenso wie die sozialpatriotischen Organisationen anderer Länder im Laufe der natürlichen Entwicklung der Gesellschaft unvermeidlich zur Macht gelangen. Es ist Sache der Kommunisten, die Kräfte ins Leben zu rufen, die die Sozialpatrioten stürzen werden, und wir müssen in unserem Lande diese Arbeit ohne Zögern und ohne Schwanken leisten.

Wir dürfen unsere Energie nicht verzetteln, indem wir die Arbeiterpartei stärken. Sie wird unausbleiblich ans Ruder kommen. Wir müssen unsere Kräfte darauf konzentrieren, eine kommunistische Bewegung zu schaffen, die sie besiegen wird.

Die Arbeiterpartei wird bald eine Regierung bilden; die revolutionäre Opposition muß sich zum Angriff auf diese Regierung bereithalten ..."

Also, die liberale Bourgeoisie verzichtet auf das durch jahrhundertelange geschichtliche Erfahrung geheiligte und für die Ausbeuter außerordentlich vorteilhafte System der „zwei Parteien" (der Ausbeuter) und hält es für notwendig, ihre Kräfte zum Kampf gegen die Arbeiterpartei zu vereinigen. Ein Teil der Liberalen läuft, wie die Ratten das sinkende Schiff verlassen, zur Arbeiterpartei über. Die linken Kommunisten sind der Auffassung, daß die Arbeiterpartei unausbleiblich ans Ruder kommt, und geben zu, daß jetzt die Mehrheit der Arbeiterschaft hinter ihr steht. Hieraus ziehen sie die sonderbare Schlußfolgerung, die Genossin Sylvia Pankhurst wie folgt formuliert:

„Die Kommunistische Partei darf keine Kompromisse eingehen ... Sie muß ihre Lehre rein und ihre Unabhängigkeit vom Reformismus unbefleckt erhalten. Ihre Mission ist es, ohne haltzumachen oder vom Wege abzubiegen, direkt zur kommunistischen Revolution vorwärtszuschreiten."

Im Gegenteil, aus der Tatsache, daß die Mehrheit der Arbeiter in England noch den englischen Kerenskis oder Scheidemännern Gefolgschaft leistet, daß sie mit einer Regierung dieser Leute noch nicht die Erfahrungen gemacht hat, wie sie in Rußland und in Deutschland nötig waren, damit die Arbeiter in Massen zum Kommunismus übergingen, aus dieser Tatsache folgt unzweifelhaft, daß sich die englischen Kommunisten am Parlamentarismus beteiligen müssen, daß sie von innerhalb des Parlaments der Arbeitermasse helfen müssen, die Ergebnisse der Regierung der Henderson und Snowden in der Praxis zu erkennen, daß sie den Henderson und Snowden helfen müssen, die vereinigten Lloyd George und Churchill zu besiegen. Anders handeln heißt die Sache der Revolution erschweren, denn ohne eine Änderung in den Anschauungen der Mehrheit der Arbeiterklasse ist die Revolution unmöglich; diese Änderung aber wird durch die politische

Erfahrung der Massen, niemals durch Propaganda allein erreicht. „Vorwärts ohne Kompromisse, ohne vom Wege abzubiegen" – wenn das eine offenkundig ohnmächtige Minderheit der Arbeiter sagt, die weiß (oder jedenfalls wissen müßte), daß die Mehrheit nach kurzer Zeit, wenn die Henderson und Snowden über Lloyd George und Churchill den Sieg davongetragen haben sollten, von ihren Führern enttäuscht sein und dazu übergehen wird, den Kommunismus zu unterstützen (oder jedenfalls den Kommunisten gegenüber Neutralität und größtenteils wohlwollende Neutralität zu üben), so ist diese Losung offensichtlich falsch. Das ist dasselbe, als wollten sich 10.000 Soldaten gegen 50.000 Mann des Feindes in den Kampf stürzen, anstatt „haltzumachen" und „vom Wege abzubiegen", ja sogar ein „Kompromiß" zu schließen, um das Eintreffen einer Verstärkung von 100.000 Mann abzuwarten, die nicht sofort in Aktion treten können. Das ist eine Kinderei von Intelligenzlern, aber keine ernste Taktik einer revolutionären Klasse.

Das Grundgesetz der Revolution, das durch alle Revolutionen und insbesondere durch alle drei russischen Revolutionen des 20. Jahrhunderts bestätigt worden ist, besteht in folgendem: Zur Revolution genügt es nicht, daß sich die ausgebeuteten und unterdrückten Massen der Unmöglichkeit, in der alten Weise weiterzuleben, bewußtwerden und eine Änderung fordern; zur Revolution ist es notwendig, daß die Ausbeuter nicht mehr in der alten Weise leben und regieren können. Erst dann, wenn die „Unterschichten" das Alte nicht mehr wollen und die „Oberschichten" in der alten Weise nicht mehr können, erst dann kann die Revolution siegen. Mit anderen Worten kann man diese Wahrheit so ausdrücken: Die Revolution ist unmöglich ohne eine gesamtnationale (Ausgebeutete wie Ausbeuter erfassende) Krise. Folglich ist zur Revolution notwendig: erstens, daß die Mehrheit der Arbeiter (oder jedenfalls die Mehrheit der klassenbewußten, denkenden, politisch aktiven Arbeiter) die Notwendigkeit des Umsturzes völlig begreift und bereit ist, seinetwegen in den Tod zu gehen; zweitens, daß die herrschenden Klassen eine Regierungskrise durchmachen, die sogar die rückständigsten Massen in die Politik hineinzieht (das Merkmal einer jeden wirklichen Revolution ist die schnelle Verzehnfachung, ja Verhundertfachung der Zahl der zum politischen Kampf fähigen Vertreter der werktätigen und ausgebeuteten Masse, die bis dahin apathisch war), die Regierung kraftlos macht und es den Revolutionären ermöglicht, diese Regierung schnell zu stürzen.

In England reifen, wie das unter anderem gerade aus der Rede Lloyd Georges zu ersehen ist, unverkennbar beide Bedingungen für eine erfolgreiche proletarische Revolution heran. Und die Fehler der linken Kommunisten sind jetzt eben deshalb besonders gefährlich, weil bei manchen Revolutionären eine nicht genügend durchdachte, nicht genügend aufmerksame, nicht genügend zielklare, nicht genügend abgewogene Stellungnahme zu jeder dieser Bedingungen wahrzunehmen ist. Wenn wir nicht eine revolutionäre Gruppe, sondern die Partei der revolutionären Klasse sind, wenn wir die Massen mitreißen wollen (und tun wir das nicht, so laufen wir Gefahr, einfach Schwätzer zu bleiben), so müssen wir erstens Henderson oder Snowden helfen, Lloyd George und Churchill zu schlagen (richtiger gesagt sogar: jene zwingen, diese zu schlagen, denn die ersteren fürchten ihren eigenen Sieg!); zweitens der Mehrheit der Arbeiterklasse helfen, sich durch eigene Erfahrung davon zu überzeugen, daß wir recht haben, d.h. sich von der völligen Untauglichkeit der Henderson und Snowden, von ihrer kleinbürgerlichen und verräterischen Natur, von der Unvermeidlichkeit ihres Bankrotts zu überzeugen; drittens den Zeitpunkt näher rücken, zu dem es möglich sein wird, auf grund der Enttäuschung der Mehrheit der Arbeiter über die Henderson mit ernsten Aussichten auf Erfolg die Regierung der Henderson mit einem Schlage zu stürzen, die noch verstörter hin und her pendeln wird, wenn man bedenkt, daß sogar der überaus kluge und solide, nicht kleinbürgerliche, sondern großbürgerliche Lloyd George völlige Verstörtheit an den Tag legt und sich (und die gesamte Bourgeoisie) immer mehr schwächt, gestern durch seine „Reibungen" mit Churchill, heute durch seine „Reibungen" mit Asquith.

Ich will ganz konkret sprechen. Die englischen Kommunisten müssen meiner Ansicht nach alle ihre vier Parteien und Gruppen (sie sind alle sehr schwach, einige sogar schwächer als schwach) auf dem Boden der Grundsätze der III. Internationale und der obligatorischen Beteiligung am Parlament zu einer einzigen Kommunistischen Partei zusammenschließen. Die Kommunistische Partei schlägt den Henderson und Snowden ein „Kompromiß", ein Wahlabkommen vor: Wir kämpfen gemeinsam gegen das Bündnis Lloyd Georges und der Konservativen, verteilen die Parlamentssitze entsprechend der Zahl der von den Arbeitern für die Arbeiterpartei bzw. die Kommunisten abgegebenen Stimmen (nicht bei den Wahlen, sondern in einer besonderen Abstimmung), behalten uns aber die vollste Freiheit der Agitation, Propaganda und politischen Tätigkeit vor. Ohne die letzte Bedingung darf man sich natürlich nicht auf einen Block einlassen, denn das wäre Verrat: Die vollste Freiheit der Entlarvung der Henderson und Snowden müssen die englischen Kommunisten ebenso unbedingt verfechten und durchsetzen, wie die russischen Bolschewiki sie (fünfzehn Jahre lang, von 1903 bis 1917) gegenüber den russischen Henderson und

Snowden, d.h. gegenüber den Menschewiki, verfochten und durchgesetzt haben.

Gehen die Henderson und Snowden den Block unter diesen Bedingungen ein, so werden wir gewonnen haben, denn für uns ist keineswegs die Zahl der Parlamentssitze wichtig, wir reißen uns nicht darum, wir werden in diesem Punkt nachgiebig sein (die Henderson aber und insbesondere ihre neuen Freunde – oder neuen Herren -, die Liberalen, die zur Unabhängigen Arbeiterpartei übergegangen sind, reißen sich gerade darum am allermeisten). Wir werden gewonnen haben, denn wir werden unsere Agitation zu einem Zeitpunkt in die Massen tragen, da Lloyd George selbst sie „aufgeputscht" hat, und werden nicht nur der Arbeiterpartei helfen, schneller ihre Regierung zu bilden, sondern auch den Massen, schneller unsere ganze kommunistische Propaganda zu begreifen, die wir gegen die Henderson ohne jede Einschränkung und ohne etwas zu verschweigen treiben werden.

Lehnen die Henderson und Snowden den Block mit uns unter diesen Bedingungen ab, so werden wir noch mehr gewonnen haben. Denn wir werden den Massen sofort gezeigt haben (wohlgemerkt, sogar innerhalb der rein menschewistischen, völlig opportunistischen Unabhängigen Arbeiterpartei ist die Masse für die Sowjets), daß den Henderson ihre nahen Beziehungen zu den Kapitalisten lieber sind als der Zusammenschluß aller Arbeiter. Wir werden sofort gewonnen haben in den Augen der Massen, die besonders nach den glänzenden, höchst richtigen und (für den Kommunismus) höchst nützlichen Erläuterungen Lloyd Georges mit einem Zusammenschluß aller Arbeiter gegen das Bündnis Lloyd Georges und der Konservativen sympathisieren werden. Wir werden sofort gewonnen haben, denn wir werden vor den Massen demonstriert haben, daß die Henderson und Snowden einen Sieg über Lloyd George fürchten, daß sie die alleinige Machtübernahme fürchten, daß sie bestrebt sind, heimlich die Unterstützung Lloyd Georges zu erlangen, der offen den Konservativen die Hand gegen die Arbeiterpartei reicht. Es muß bemerkt werden, daß bei uns in Rußland nach der Revolution vom 27.11.1917 (alten Stils) die Propaganda der Bolschewiki gegen die Menschewiki und Sozialrevolutionäre (d.h. gegen die russischen Henderson und Snowden) gerade durch einen ebensolchen Umstand gewann. Wir erklärten den Menschewiki und Sozialrevolutionären: Nehmt die ganze Macht ohne die Bourgeoisie, denn ihr habt die Mehrheit in den Sowjets (auf dem 1. Gesamtrussischen Sowjetkongreß im Juni 1917 hatten die Bolschewiki nur 13 Prozent der Stimmen). Aber die russischen Henderson und Snowden fürchteten sich, die Macht ohne die Bourgeoisie zu ergreifen, und als die Bourgeoisie die Wahlen zur Konstituierenden Versammlung verschleppte, da sie sehr wohl wußte, daß die Wahlen den Sozialrevolutionären und Menschewiki die Mehrheit bringen würden[32] (beide bildeten einen ganz engen politischen Block, denn sie vertraten praktisch ein und dieselbe kleinbürgerliche Demokratie), da waren die Sozialrevolutionäre und Menschewiki nicht imstande, gegen diese Verschleppung energisch und konsequent zu kämpfen.

Lehnen die Henderson und Snowden einen Block mit den Kommunisten ab, so werden die Kommunisten sofort gewonnen haben, was die Eroberung der Sympathien der Massen und die Diskreditierung der Henderson und Snowden betrifft, und sollten wir dadurch einige Parlamentssitze verlieren, so ist das für uns ganz unwichtig. Wir würden unsere Kandidaten nur in einer ganz geringen Zahl absolut sicherer Wahlkreise aufstellen, d.h. dort, wo die Aufstellung unserer Kandidaten nicht dem Liberalen zum Sieg über den Labouristen (das Mitglied der Arbeiterpartei) verhelfen würde. Wir würden Wahlagitation treiben, Flugblätter zugunsten des Kommunismus verbreiten und in allen Wahlkreisen, in denen wir keinen eigenen Kandidaten aufstellen, empfehlen, für den Labouristen und gegen den Bourgeois zu stimmen. Genossin Sylvia Pankhurst und Genosse Gallacher irren, wenn sie darin einen Verrat am Kommunismus oder einen Verzicht auf den Kampf gegen die Sozialverräter sehen. Im Gegenteil, dadurch würde die Sache der kommunistischen Revolution ohne Zweifel gewinnen.

Den englischen Kommunisten fällt es jetzt sehr oft schwer, an die Masse auch nur heranzukommen, sich bei ihr auch nur Gehör zu verschaffen. Wenn ich als Kommunist auftrete und erkläre, daß ich dazu auffordere, für Henderson und gegen Lloyd George zu stimmen, so wird man mich gewiß anhören. Und ich werde nicht nur in populärer Weise erklären können, warum die Sowjets besser sind als das Parlament und die Diktatur des Proletariats besser ist als die Diktatur Churchills (die durch das Aushängeschild der bürgerlichen „Demokratie" verdeckt wird), sondern ich werde auch erklären können, daß ich Henderson durch meine Stimmabgabe ebenso stützen möchte, wie der Strick den Gehängten stützt; daß in dem Maße, wie sich die Henderson einer eigenen Regierung nähern, ebenso die

---

32 Die Wahlen zur Konstituierenden Versammlung in Rußland, im November 1917, erbrachten laut Angaben, die mehr als 36 Millionen Wähler erfassen, 25 Prozent der Stimmen für die Bolschewiki, 13 Prozent für die verschiedenen Parteien der Gutsbesitzer und der Bourgeoisie, 62 Prozent für die kleinbürgerliche Demokratie, d.h. für die Sozialrevolutionäre und Menschewiki nebst kleineren ihnen nahestehenden Gruppen.

Richtigkeit meines Standpunkts bewiesen wird, ebenso die Massen auf meine Seite gebracht werden und ebenso der politische Tod der Henderson und Snowden beschleunigt wird, wie das bei ihren Gesinnungsgenossen in Rußland und in Deutschland der Fall war.

Und wenn man mir entgegnen sollte, das sei eine zu „schlaue" oder zu komplizierte Taktik, die Massen würden sie nicht verstehen, sie werde unsere Kräfte verzetteln, zersplittern, werde uns hindern, diese Kräfte auf die Sowjetrevolution zu konzentrieren usw., so werde ich diesen „linken" Opponenten antworten: Wälzt euren Doktrinarismus nicht auf die Massen ab! In Rußland ist das Kulturniveau der Massen gewiß nicht höher, sondern niedriger als in England. Und dennoch haben die Massen die Bolschewiki begriffen; und es hat den Bolschewiki nicht geschadet, sondern genützt, daß sie am Vorabend der Sowjetrevolution, im September 1917, die Listen ihrer Kandidaten für das bürgerliche Parlament (die Konstituierende Versammlung) aufstellten und am Tag nach der Sowjetrevolution, im November 1917, an den Wahlen zu dieser selben Konstituierenden Versammlung teilnahmen, die sie dann am 5.1.1918 auseinanderjagten.

Ich kann hier nicht auf die zweite Meinungsverschiedenheit unter den englischen Kommunisten eingehen, die darin besteht, ob man sich der Arbeiterpartei anschließen soll oder nicht. Ich habe zuwenig Material über diese Frage, die besonders kompliziert ist wegen der stark ausgeprägten Eigenart der britischen „Arbeiterpartei", die ihrer ganzen Struktur nach von den üblichen politischen Parteien auf dem europäischen Festland allzusehr abweicht. Unzweifelhaft ist allerdings erstens, daß auch in dieser Frage derjenige unvermeidlich fehlgehen würde, der auf den Gedanken käme, die Taktik des revolutionären Proletariats von Grundsätzen abzuleiten wie: „Die Kommunistische Partei muß ihre Lehre rein und ihre Unabhängigkeit vom Reformismus unbefleckt erhalten. Ihre Mission ist es, ohne haltzumachen oder vom Wege abzubiegen, direkt zur kommunistischen Revolution vorwärtszuschreiten." Denn solche Grundsätze wiederholen lediglich den Fehler der französischen blanquistischen Kommunarden, die im Jahre 1874 die „Ablehnung" aller Kompromisse und aller Zwischenstationen proklamierten. Zweitens besteht ohne Zweifel auch hier wie stets die Aufgabe darin, daß man es versteht, die allgemeinen und grundlegenden Prinzipien des Kommunismus auf jene Eigenart der Beziehungen zwischen den Klassen und Parteien, auf jene Eigenart in der objektiven Entwicklung zum Kommunismus anzuwenden, die jedes einzelne Land aufweist und die man zu studieren, zu erforschen, zu erraten fähig sein muß.

Davon aber muß im Zusammenhang nicht allein mit dem englischen Kommunismus, sondern mit den allgemeinen Schlußfolgerungen gesprochen werden, welche die Entwicklung des Kommunismus in allen kapitalistischen Ländern betreffen. Zu diesem Thema wollen wir nun übergehen.

X. Einige Schlußfolgerungen

In der russischen bürgerlichen Revolution von 1905 zeigte sich eine außerordentlich eigenartige Wendung der Weltgeschichte. In einem der rückständigsten kapitalistischen Länder erlangte die Streikbewegung einen Umfang und eine Stärke wie nie zuvor in der Welt. Allein im ersten Monat des Jahres 1905 betrug die Zahl der Streikenden das Zehnfache der jährlichen Durchschnittszahl der Streikenden in den vorangegangenen 10 Jahren (1895-1904), und vom Januar bis zum Oktober 1905 wuchsen die Streiks ununterbrochen und in riesigem Ausmaß an. Unter dem Einfluß einer Reihe ganz eigenartiger historischer Bedingungen demonstrierte das rückständige Rußland der Welt als erstes Land nicht nur ein sprunghaftes Anwachsen der Aktivität der unterdrückten Massen während der Revolution (das war in allen großen Revolutionen der Fall), sondern auch die Bedeutung des Proletariats, die unendlich größer war als der Anteil des Proletariats an der Bevölkerung, ferner die Verbindung von wirtschaftlichem und politischem Streik, mit dem Umschlagen des letzteren in den bewaffneten Aufstand, und die Entstehung der Sowjets als einer neuen Form des Massenkampfes und der Massenorganisation der vom Kapitalismus unterjochten Klassen.

Die Februar- und die Oktoberrevolution des Jahres 1917 haben zu einer allseitigen Entwicklung der Sowjets im ganzen Lande und dann zu ihrem Sieg in der proletarischen, sozialistischen Umwälzung geführt. Und in knapp zwei Jahren offenbarte sich der internationale Charakter der Sowjets, die Ausbreitung dieser Kampf- und Organisationsform auf die Arbeiterbewegung der ganzen Welt, die geschichtliche Mission der Sowjets, Totengräber, Erbe, Nachfolger des bürgerlichen Parlamentarismus und der bürgerlichen Demokratie überhaupt zu sein.

Damit nicht genug, zeigt die Geschichte jetzt, daß es der Arbeiterbewegung in allen Ländern bevorsteht (und sie bereits begonnen hat), den Kampf des wachsenden, erstarkenden, zum Sieg voranschreitenden Kommunismus vor allem und hauptsächlich gegen den eigenen „Menschewismus" (in jedem Lande), d.h. gegen den Opportunismus und Sozialchauvinismus, und zweitens – sozusagen als Ergänzung – gegen den „linken" Kommunismus durchzumachen. Der erste Kampf hat sich in allen Ländern, offenbar ohne jede Ausnahme, als Kampf zwischen der (heute bereits faktisch zur Strecke gebrachten) II. und der III. Internationale entfaltet. Der zweite Kampf ist zu beobachten in Deutschland wie in England, in Italien wie in Amerika (zumindest vertritt ein gewisser Teil der „Industriearbeiter der Welt" und der anarcho-syndikalistischen Strömungen die Fehler des linken Kommunismus bei fast allgemeiner, fast ungeteilter Anerkennung des Sowjetsystems) und in Frankreich (die Einstellung eines Teils der früheren Syndikalisten zur politischen Partei und zum Parlamentarismus, wiederum bei Anerkennung des Sowjetsystems), d.h. zweifellos nicht nur in einem internationalen, sondern einem weltumfassenden Maßstab.

Doch indem die Arbeiterbewegung überall eine dem Wesen nach gleichartige Vorschule zum Sieg über die Bourgeoisie durchmacht, vollzieht sie diese Entwicklung in jedem Lande auf eigene Weise. Dabei schreiten die großen, fortgeschrittenen kapitalistischen Länder auf diesem Wege viel schneller vorwärts als der Bolschewismus, der von der Geschichte eine fünfzehnjährige Frist erhalten hatte, um sich als organisierte politische Strömung auf den Sieg vorzubereiten. Die III. Internationale hat in einer so kurzen Frist, wie es ein Jahr ist, bereits einen entscheidenden Sieg errungen, sie hat die gelbe, sozialchauvinistische II. Internationale zerschlagen, die noch vor einigen Monaten unvergleichlich stärker war als die III. Internationale, die fest und mächtig zu sein schien, die in jeder Hinsicht – direkt und indirekt, materiell (Ministersessel, Pässe, Presse) und ideologisch – die Unterstützung der Weltbourgeoisie genoß.

Alles kommt jetzt darauf an, daß die Kommunisten eines jeden Landes sowohl die grundlegenden prinzipiellen Aufgaben des Kampfes gegen den Opportunismus und den „linken" Doktrinarismus als auch die konkreten Besonderheiten ganz klar einschätzen, die dieser Kampf in jedem einzelnen Lande entsprechend der Eigenart seiner Ökonomik, Politik und Kultur, seiner nationalen Zusammensetzung (Irland usw.), seiner Kolonien, seiner religiösen Gliederung usw. usf. annimmt und unvermeidlich annehmen muß. Überall zeigt sich, verbreitet sich und wächst die Unzufriedenheit mit der II. Internationale sowohl wegen ihres Opportunismus als auch wegen ihrer Ohnmacht oder ihrer Unfähigkeit, eine wirklich zentralisierte, wirklich leitende Zentralstelle zu schaffen, die fähig wäre, die internationale Taktik des revolutionären Proletariats in seinem Kampf für eine weltumspannende Sowjetrepublik zu leiten. Man muß sich klar Rechenschaft darüber ablegen, daß eine solche leitende Zentralstelle keinesfalls auf einer Schablonisierung, einer mechanischen Gleichsetzung und Identifizierung der taktischen Kampfregeln aufgebaut werden kann. Solange nationale und staatliche Unterschiede zwischen den Völkern und Ländern bestehen – diese Unterschiede werden sich aber noch sehr, sehr lange sogar nach

der Verwirklichung der Diktatur des Proletariats im Weltmaßstab erhalten
–, erfordert die Einheitlichkeit der internationalen Taktik der kommunistischen Arbeiterbewegung aller Länder nicht die Beseitigung der Mannigfal-
tigkeit, nicht die Aufhebung der nationalen Unterschiede (das wäre im gegenwärtigen Augenblick eine sinnlose Phantasterei), sondern eine solche
Anwendung der grundlegenden Prinzipien des Kommunismus (Sowjetmacht und Diktatur des Proletariats), bei der diese Prinzipien im einzelnen
richtig modifiziert und den nationalen und nationalstaatlichen Verschie-
denheiten richtig angepaßt, auf sie richtig angewandt werden. Das national
Besondere, das national Spezifische beim konkreten Herangehen jedes
Landes an die Lösung der einheitlichen internationalen Aufgabe, an den
Sieg über den Opportunismus und den linken Doktrinarismus innerhalb
der Arbeiterbewegung, an den Sturz der Bourgeoisie, an die Errichtung
der Sowjetrepublik und der proletarischen Diktatur zu erforschen, zu studieren, herauszufinden, zu erraten und zu erfassen – das ist die Hauptaufgabe des historischen Augenblicks, den alle fortgeschrittenen (und nicht
allein die fortgeschrittenen) Länder gegenwärtig durchmachen. Für die
Gewinnung der Avantgarde der Arbeiterklasse, für ihren Übergang auf die
Seite der Sowjetmacht gegen den Parlamentarismus, auf die Seite der Diktatur des Proletariats gegen die bürgerliche Demokratie ist das Wichtigste
– natürlich bei weitem noch nicht alles, aber doch das Wichtigste – bereits
getan. Jetzt gilt es, alle Kräfte, die ganze Aufmerksamkeit auf den nächsten
Schritt zu konzentrieren, der weniger wichtig zu sein scheint – und es von
einem gewissen Standpunkt auch wirklich ist –, aber dafür der konkreten
Lösung der Aufgabe praktisch näher kommt, nämlich darauf, die Form
des Übergehens zur proletarischen Revolution oder des Herangebens an
sie ausfindig zu machen.

Die proletarische Avantgarde ist ideologisch gewonnen. Das ist die Haupt-
sache. Ohne diese Vorbedingung kann man nicht einmal den ersten Schritt
zum Sieg tun. Aber von hier bis zum Sieg ist es noch ziemlich weit. Mit
der Avantgarde allein kann man nicht siegen. Die Avantgarde allein in den
entscheidenden Kampf werfen, solange die ganze Klasse, solange die breiten Massen nicht die Position eingenommen haben, daß sie die Avantgarde entweder direkt unterstützen oder zumindest wohlwollende Neutralität
ihr gegenüber üben und dem Gegner der Avantgarde jederlei Unterstützung versagen, wäre nicht nur eine Dummheit, sondern auch ein Verbrechen. Damit aber wirklich die ganze Klasse, damit wirklich die breiten
Massen der Werktätigen und vom Kapital Unterdrückten zu dieser Position gelangen, dazu ist Propaganda allein, Agitation allein zuwenig. Dazu
bedarf es der eigenen politischen Erfahrung dieser Massen. Das ist das

grundlegende Gesetz aller großen Revolutionen, das sich jetzt mit überraschender Kraft und Anschaulichkeit nicht nur in Rußland, sondern auch in Deutschland bestätigt hat. Nicht nur die auf niedriger Kulturstufe stehenden, vielfach des Lesens und Schreibens unkundigen Massen Rußlands, sondern auch die auf hoher Kulturstufe stehenden, durchweg des Lesens und Schreibens kundigen Massen Deutschlands mußten erst am eigenen Leibe die ganze Ohnmacht, die ganze Charakterlosigkeit, die ganze Hilflosigkeit, die ganze Liebedienerei vor der Bourgeoisie, die ganze Gemeinheit einer Regierung der Ritter der II. Internationale, die ganze Unvermeidlichkeit einer Diktatur der extremen Reaktionäre (Kornilow in Rußland, Kapp und Co. in Deutschland) als einzige Alternative gegenüber der Diktatur des Proletariats erfahren, um sich entschieden dem Kommunismus zuzuwenden.

Die nächste Aufgabe der klassenbewußten Vorhut in der internationalen Arbeiterbewegung, d.h. der kommunistischen Parteien, Gruppen und Strömungen, besteht darin, daß sie es versteht, die breiten (jetzt meistenteils noch schlummernden, apathischen, in althergebrachten Vorstellungen befangenen, trägen, noch nicht erweckten) Massen an diese ihre neue Position beranzuführen, richtiger gesagt, daß sie es versteht, nicht nur die eigene Partei, sondern auch diese Massen zu leiten, während sie zur neuen Position übergehen, die neue Position beziehen. Konnte die erste historische Aufgabe (die Gewinnung der klassenbewußten Vorhut des Proletariats für die Sowjetmacht und die Diktatur der Arbeiterklasse) nicht ohne den vollen ideologischen und politischen Sieg über den Opportunismus und Sozialchauvinismus gelöst werden, so kann die zweite Aufgabe, die nun zur nächsten wird und die in der Fähigkeit besteht, die Massen heranzuführen an die neue Position, die den Sieg der Vorhut in der Revolution zu sichern vermag – so kann diese nächste Aufgabe nicht erfüllt werden, ohne daß man mit dem linken Doktrinarismus aufräumt, ohne daß man seine Fehler völlig überwindet und sich von ihnen frei macht.

Solange es sich darum handelte (und insoweit es sich noch darum handelt), die Avantgarde des Proletariats für den Kommunismus zu gewinnen, solange und insoweit tritt die Propaganda an die erste Stelle; sogar Zirkel mit allen dem Zirkelwesen eigenen Schwächen sind hier nützlich und zeitigen fruchtbare Ergebnisse. Wenn es sich um die praktische Aktion der Massen, um die Verteilung – wenn man sich so ausdrücken darf von Millionenarmeen, um die Gruppierung aller Klassenkräfte einer gegebenen Gesellschaft zum letzten und entscheidenden Kampf handelt, so kann man allein mit propagandistischer Gewandtheit, allein mit der Wiederholung der Wahrheiten des „reinen" Kommunismus nichts mehr ausrichten. Hier gilt es, nicht mit Hunderten und Tausenden zu rechnen, wie das im Grunde genommen der Propagandist als Mitglied einer kleinen Gruppe tut, die noch keine Massen geführt hat; hier muß man mit Millionen und aber Millionen rechnen. Hier muß man sich nicht nur fragen, ob wir die Avantgarde der revolutionären Klasse überzeugt haben, sondern außerdem auch, ob die historisch wirksamen Kräfte aller Klassen, unbedingt ausnahmslos aller Klassen der gegebenen Gesellschaft, so gruppiert sind, daß die Entscheidungsschlacht bereits vollauf herangereift ist, nämlich daß 1. alle uns feindlichen Klassenkräfte genügend in Verwirrung geraten sind, genügend miteinander in Fehde liegen, sich durch den Kampf, der ihre Kräfte übersteigt, genügend geschwächt haben; daß 2. alle schwankenden, unsicheren, unbeständigen Zwischenelemente, d.h. das Kleinbürgertum, die kleinbürgerliche Demokratie zum Unterschied von der Bourgeoisie, sich vor dem Volk genügend entlarvt haben, durch ihren Bankrott in der Praxis genügend bloßgestellt sind; daß 3. im Proletariat die Massenstimmung zugunsten der Unterstützung der entschiedensten, grenzenlos kühnen, revolutionären Aktionen gegen die Bougeoisie begonnen hat und machtvoll ansteigt. Ist das der Fall, dann ist die Zeit für die Revolution reif, dann ist unser Sieg – wenn wir alle oben erwähnten, oben kurz umrissenen Bedingungen richtig eingeschätzt und den Zeitpunkt richtig gewählt haben –, dann ist unser Sieg gesichert.

Die Differenzen zwischen den Churchill und Lloyd George – diese politischen Typen gibt es mit geringen nationalen Unterschieden in allen Ländern – einerseits und sodann die Differenzen zwischen den Henderson und Lloyd George anderseits sind vom Standpunkt des reinen, d.h. abstrakten, d.h. noch nicht zur praktischen politischen Massenaktion herangereiften Kommunismus ganz belanglos und geringfügig. Aber vom Standpunkt dieser praktischen Aktion der Massen aus gesehen, sind diese Unterschiede äußerst, äußerst wichtig. Sie in Rechnung zu stellen, den Zeitpunkt zu bestimmen, in dem die unter diesen „Freunden" unvermeidlichen Konflikte völlig herangereift sind, die alle die „Freunde" zusammengenommen schwächen und entkräften – darin besteht die ganze Aufgabe, die ganze Tätigkeit des Kommunisten, der nicht nur ein bewußter, überzeugter, von der Idee durchdrungener Propagandist, sondern auch ein praktischer Führer der Massen in der Revolution sein will. Man muß die größte Treue zu den Ideen des Kommunismus mit der Fähigkeit vereinigen, alle notwendigen praktischen Kompromisse einzugehen, zu lavieren, zu paktieren, im Zickzack vorzugehen, Rückzüge anzutreten und ähnliches mehr, um den politischen Machtantritt und das Abwirtschaften der Henderson (der Helden der II. Internationale,

um nicht die Namen einzelner Personen zu nennen, die Vertreter der kleinbürgerlichen Demokratie sind, sich aber als Sozialisten bezeichnen) zu beschleunigen; um ihren unvermeidlichen Bankrott in der Praxis zu beschleunigen, der die Massen gerade in unserem Geist, gerade in der Richtung zum
Kommunismus aufklärt; um die unvermeidlichen Reibungen, Streitigkeiten,
Konflikte, das völlige Zerwürfnis zwischen den Henderson, Lloyd George
und Churchill (den Menschewiki und Sozialrevolutionären, den Kadetten,
den Monarchisten; den Scheidemännern, der Bourgeoisie, den Kappleuten
usw.) zu beschleunigen und den Augenblick des größten Zerwürfnisses zwischen allen diesen „Stützen des heiligen Privateigentums" richtig zu wählen,
damit das Proletariat durch einen entschlossenen Angriff sie alle schlägt
und die politische Macht erobert.

Die Geschichte im allgemeinen und die Geschichte der Revolutionen im
besonderen ist stets inhaltsreicher, mannigfaltiger, vielseitiger, lebendiger,
„vertrackter", als die besten Parteien, die klassenbewußtesten Avantgarden
der fortgeschrittensten Klassen es sich vorstellen. Das ist auch verständlich, denn die besten Avantgarden bringen das Bewußtsein, den Willen, die
Leidenschaft, die Phantasie von Zehntausenden zum Ausdruck, die Revolution aber wird in Augenblicken eines besonderen Aufschwungs und einer besonderen Anspannung aller menschlichen Fähigkeiten durch das Bewußtsein, den Willen, die Leidenschaft, die Phantasie von vielen Millionen
verwirklicht, die der schärfste Klassenkampf vorwärtspeitscht. Hieraus ergeben sich zwei sehr wichtige praktische Schlußfolgerungen: erstens, daß
die revolutionäre Klasse, wenn sie ihre Aufgabe erfüllen will, es verstehen
muß, alle Formen oder Seiten der gesellschaftlichen Tätigkeit ohne die ge-
ringste Ausnahme zu beherrschen (wobei sie nach der Eroberung der
politischen Macht, mitunter mit großem Risiko und unter ungeheurer Gefahr, das zu Ende führt, was sie vorher nicht zu Ende geführt hat); zweitens, daß die revolutionäre Klasse gerüstet sein muß, aufs schnellste und
unerwartetste die eine Form durch die andere zu ersetzen.

Jeder wird zugeben, daß es unvernünftig, ja verbrecherisch ist, wenn eine
Armee sich nicht darauf vorbereitet, alle Waffengattungen, alle Kampfmittel und Kampfmethoden zu beherrschen, über die der Feind verfügt oder
verfügen kann. Das gilt aber für die Politik noch mehr als für das Kriegs-
wesen. In der Politik ist es noch weniger möglich, im voraus zu wissen,
welches Kampfmittel unter diesen oder jenen künftigen Umständen für
uns anwendbar und vorteilhaft sein wird. Beherrschen wir nicht alle
Kampfmittel, so können wir eine schwere – manchmal sogar eine entscheidende – Niederlage erleiden, wenn von unserem Willen unabhängige

Veränderungen in der Lage der anderen Klassen eine Form des Handelns auf die Tagesordnung setzen, in der wir besonders schwach sind. Beherrschen wir alle Kampfmittel, so siegen wir mit Sicherheit, denn wir vertreten die Interessen der wirklich fortgeschrittenen, wirklich revolutionären Klasse; so siegen wir selbst dann, wenn die Umstände uns nicht erlauben sollten, die Waffe einzusetzen, die dem Feind am gefährlichsten ist, die Waffe, die am schnellsten tödliche Schläge versetzt. Unerfahrene Revolutionäre meinen oft, legale Kampfmittel seien opportunistisch, weil die Bourgeoisie auf diesem Gebiet die Arbeiter besonders häufig (am meisten in „friedlichen", nichtrevolutionären Zeiten) betrogen und übertölpelt hat, illegale Kampfmittel dagegen seien revolutionär. Das ist jedoch nicht richtig. Richtig ist, daß Opportunisten und Verräter an der Arbeiterklasse diejenigen Parteien und Führer sind, die nicht fähig oder nicht gewillt sind (sage nicht: ich kann nicht, sage lieber: ich will nicht!), illegale Kampfmittel z.B. unter Verhältnissen anzuwenden, wie sie während des imperialistischen Krieges 1914-1918 bestanden, als die Bourgeoisie der freiesten demokratischen Länder die Arbeiter mit unerhörter Frechheit und Brutalität betrog und es verbot, die Wahrheit über den räuberischen Charakter des Krieges zu sagen. Aber Revolutionäre, die es nicht verstehen, die illegalen Kampfformen mit allen legalen zu verknüpfen, sind sehr schlechte Revolutionäre. Es ist nicht schwer, dann ein Revolutionär zu sein, wenn die Revolution bereits ausgebrochen und entbrannt ist, wenn sich all und jeder der Revolution anschließt, aus einfacher Schwärmerei, aus Mode, mitunter sogar aus Gründen der persönlichen Karriere. Das Proletariat hat nachher, nach seinem Sieg, die größte Mühe, man könnte sagen, seine liebe Not, sich von solchen Quasi-Revolutionären „zu befreien". Viel schwerer – und viel wertvoller – ist, daß man es versteht, ein Revolutionär zu sein, wenn die Bedingungen für einen direkten, offenen, wirklich von den Massen getragenen, wirklich revolutionären Kampf noch nicht vorhanden sind, daß man es versteht, die Interessen der Revolution (propagandistisch, agitatorisch, organisatorisch) in nichtrevolutionären, oft sogar direkt reaktionären Institutionen, in einer nichtrevolutionären Situation, unter einer Masse zu verfechten, die unfähig ist, die Notwendigkeit revolutionärer Methoden des Handelns sofort zu begreifen. Die Fähigkeit, den konkreten Weg oder den besonderen Wendepunkt der Ereignisse, der die Massen an den wirklichen, entscheidenden, letzten, großen revolutionären Kampf heranführt, herauszufinden, herauszufühlen, richtig zu bestimmen – das ist die Hauptaufgabe des heutigen Kommunismus in Westeuropa und Amerika.

Ein Beispiel: England. Wir können nicht wissen – und niemand ist imstande, im voraus zu bestimmen –, wie bald dort die wirkliche proletarische

Revolution entbrennen und **welcher** Anlaß sehr breite, jetzt noch schlummernde Massen am stärksten aufrütteln, entflammen, zum Kampf vorwärtstreiben wird. Deshalb sind wir verpflichtet, unsere ganze Vorarbeit so zu leisten, daß sie (wie Plechanow, als er noch Marxist und Revolutionär war, zu sagen pflegte) „in jeder Hinsicht hieb- und stichfest" ist. Es ist möglich, daß eine Parlamentskrise den „Durchbruch bringen", das „Eis brechen" wird; vielleicht wird es eine Krise sein, die den hoffnungslos verworrenen, sich immer schmerzhafter gestaltenden und immer mehr zuspitzenden kolonialen und imperialistischen Gegensätzen entspringt; möglich ist aber auch ein Drittes usw. Wir sprechen nicht davon, welcher Kampf das Schicksal der proletarischen Revolution in England entscheiden wird (diese Frage erregt bei keinem Kommunisten Zweifel, diese Frage ist für uns alle entschieden und eindeutig entschieden), wir sprechen von dem Anlaß, der die jetzt noch schlummernden proletarischen Massen in Bewegung bringen und bis dicht an die Revolution heranführen wird. Vergessen wir nicht, daß z.B. in der bürgerlichen französischen Republik in einer Situation, die international wie innerpolitisch hundertmal weniger revolutionär war als die jetzige, ein so „unerwarteter" und so „geringfügiger" Anlaß wie eine der unzähligen ehrlosen Manipulationen der reaktionären Militärclique (der Fall Dreyfus) genagt hat, um das Volk bis dicht an den Bürgerkrieg heranzuführen!

Die Kommunisten müssen in England sowohl die Parlamentswahlen als auch alle Wechselfälle der irischen, der kolonialen, der ganzen internationalen imperialistischen Politik der britischen Regierung und alle sonstigen Gebiete, Sphären und Seiten des öffentlichen Lebens ununterbrochen, unablässig, unentwegt ausnutzen und in allen diesen Bereichen auf neue, auf kommunistische Art, im Geiste nicht der II., sondern der III. Internationale arbeiten. Mir fehlen hier Zeit und Raum, um die Methoden der „russischen", der „bolschewistischen" Beteiligung an den Parlamentswahlen und am Parlamentskampf zu schildern, ich kann aber den ausländischen Kommunisten versichern, daß das den üblichen westeuropäischen Wahlkampagnen keineswegs ähnelte. Daraus zieht man oft den Schluß: „Nun ja, das war bei euch in Rußland so, bei uns aber ist der Parlamentarismus anders." Das ist eine falsche Schlußfolgerung. Dafür gibt es ja auf der Welt Kommunisten, Anhänger der III. Internationale in allen Ländern, daß sie auf der ganzen Linie, auf allen Lebensgebieten die alte sozialistische, tradeunionistische, syndikalistische, parlamentarische Arbeit in eine neue, kommunistische umgestalten. Opportunistisches, rein Bürgerliches, Geschäftsmäßiges, gaunerhaft Kapitalistisches hat es auch bei unseren Wahlen stets mehr als genug gegeben. Die Kommunisten in Westeuropa und in Amerika müssen es lernen, einen neuen, andersartigen Parlamentarismus hervorzubringen, der mit Opportunismus und Karrierismus nichts zu tun hat. Es muß so sein, daß die Partei der Kommunisten ihre Losungen ausgibt und echte Proletarier mit Hilfe der unorganisierten und niedergedrückten Ärmsten der Armen Flugblätter verteilen und austragen, die Wohnungen der Arbeiter, die Hütten der Landproletarier und der in weltabgeschiedenen Winkeln lebenden Bauern aufsuchen (in Europa gibt es zum Glück viel weniger weltabgeschiedene Winkel auf dem Lande als bei uns, und in England fast gar keine), in die Kneipen gehen, wo das ganz einfache Volk verkehrt, und sich zu Verbänden, Vereinen, zufälligen Versammlungen des einfachen Volkes Zutritt verschaffen. Sie dürfen mit dem Volk nicht in gelehrter (und nicht in sehr „parlamentarischer") Sprache reden, dürfen nicht im geringsten auf einen „Sitz" im Parlament erpicht sein, sondern müssen überall das Denken wachrütteln, die Masse in Bewegung bringen, die Bourgeoisie beim Wort nehmen, den von der Bourgeoisie geschaffenen Apparat, die von ihr angesetzten Wahlen, die von ihr an das ganze Volk gerichteten Aufrufe ausnutzen und das Volk mit dem Bolschewismus so vertraut machen, wie das sonst niemals (unter der Herrschaft der Bourgeoisie) außer während Wahlkampagnen möglich war (natürlich abgesehen von Zeiten großer Streiks, in denen ein ebensolcher Apparat einer das ganze Volk erfassenden Agitation bei uns noch intensiver gearbeitet hat). Das in Westeuropa und Amerika durchzuführen ist sehr schwer, unvorstellbar schwer, aber es kann und muß getan werden, denn ohne Mühe können die Aufgaben des Kommunismus überhaupt nicht gelöst werden, die Mühe aber muß der Lösung der immer mannigfaltigeren praktischen Aufgaben gelten, die immer mehr mit allen Zweigen des öffentlichen Lebens verknüpft sind und durch die immer mehr ein Zweig, ein Gebiet nach dem anderen der Bourgeoisie abgerungen wird.

Um auf England zurückzukommen, so muß man dort auch die Arbeit der Propaganda, der Agitation, der Organisation im Heer und unter den unterdrückten und nicht gleichberechtigten Nationalitäten des „eigenen" Staates (Irland, Kolonien) auf neue Art (nicht sozialistisch, sondern kommunistisch, nicht reformistisch, sondern revolutionär) anpacken. Denn auf allen diesen Gebieten des öffentlichen Lebens häuft sich in der Epoche des Imperialismus überhaupt und jetzt, nach dem Kriege, der die Völker völlig erschöpft hat und ihnen rasch die Augen für die Wahrheit öffnet (nämlich dafür, daß Millionen und aber Millionen Menschen getötet und verstümmelt worden sind, nur um die Frage zu entscheiden, ob die englischen oder die deutschen Räuber mehr Länder ausplündern sollen) häuft sich auf allen diesen Gebieten des öffentlichen Lebens besonders viel

Zündstoff an und entstehen besonders viel Anlässe zu Konflikten, zu Krisen und zur Verschärfung des Klassenkampfes. Wir wissen nicht und können nicht wissen, welcher Funke – aus der Unmenge von Funken, die jetzt in allen Ländern unter dem Einfluß der ökonomischen und politischen Weltkrise umherstieben – imstande sein wird, den Brand in dem Sinne zu entfachen, daß die Massen besonders stark aufgerüttelt werden, und wir sind daher verpflichtet, mit unseren neuen, den kommunistischen Grundsätzen an die „Bearbeitung" all und jedes, sogar des ältesten, muffigsten und anscheinend hoffnungslosen Gebietes zu gehen, denn sonst werden wir nicht auf der Höhe der Aufgabe stehen, werden wir nicht allseitig sein, werden wir nicht alle Waffengattungen beherrschen, werden wir weder zum Sieg über die Bourgeoisie (die alle Gebiete des öffentlichen Lebens auf bürgerliche Art organisiert, jetzt aber auch desorganisiert hat) noch zur bevorstehenden kommunistischen Reorganisation des gesamten Lebens nach diesem Sieg gerüstet sein.

Nach der proletarischen Revolution in Rußland und den, für die Bourgeoisie und die Philister, unerwarteten Siegen dieser Revolution im internationalen Maßstab ist die ganze Welt jetzt eine andere geworden, ist auch die Bourgeoisie überall eine andere geworden. Sie ist durch den „Bolschewismus" in Schrecken versetzt und vom Haß auf ihn fast bis zum Wahnsinn getrieben worden, und gerade deshalb beschleunigt sie einerseits die Entwicklung der Ereignisse und konzentriert anderseits ihr Augenmerk darauf, den Bolschewismus gewaltsam niederzuwerfen, wodurch sie ihre Position auf einer ganzen Reihe anderer Gebiete schwächt. Diese beiden Umstände müssen die Kommunisten aller fortgeschrittenen Länder bei ihrer Taktik in Betracht ziehen.

Als die russischen Kadetten und Kerenski gegen die Bolschewiki eine wüste Hetze entfachten – besonders seit dem April 1917 und noch mehr im Juni und Juli 1917 –, da taten sie „des Guten zuviel". Millionen von Exemplaren der bürgerlichen Zeitungen, die in allen Tonarten über die Bolschewiki herzogen, trugen dazu bei, daß die Massen sich ein Urteil über den Bolschewismus bildeten, und auch abgesehen von den Zeitungen war das gesamte öffentliche Leben gerade dank dem „Eifer" der Bourgeoisie von Auseinandersetzungen über den Bolschewismus erfüllt. Jetzt benehmen sich im internationalen Maßstab die Millionäre aller Länder so, daß wir ihnen von Herzen dankbar sein müssen. Sie hetzen gegen den Bolschewismus mit demselben Eifer, mit dem Kerenski und Co. gegen ihn hetzten; sie tun dabei ebenso „des Guten zuviel" und helfen uns ebenso, wie Kerenski es tat. Wenn die französische Bourgeoisie den Bolschewismus zum Mittelpunkt ihrer Wahlagitation macht und relativ gemäßigte oder schwankende Sozialisten des Bolschewismus bezichtigt; wenn die amerikanische Bourgeoisie, die völlig den Kopf verloren hat, Tausende und aber Tausende Menschen des Bolschewismus verdächtigt und verhaftet, überall Nachrichten über bolschewistische Verschwörungen verbreitet und dadurch eine Atmosphäre der Panik erzeugt; wenn die „solideste" Bourgeoisie der Welt, die englische, trotz all ihrer Klugheit und Erfahrung, unglaubliche Dummheiten macht, mit großen Geldmitteln ausgestattete „Vereine zum Kampf gegen den Bolschewismus" gründet, eine spezielle Literatur über den Bolschewismus herausgibt, sich zum Kampf gegen den Bolschewismus eine weitere Zahl von Gelehrten, Agitatoren und Pfaffen dingt – so müssen wir uns vor den Herren Kapitalisten verbeugen und ihnen danken. Sie arbeiten für uns. Sie helfen uns, das Interesse der Massen für die Frage nach dem Wesen und der Bedeutung des Bolschewismus zu wecken. Und sie können nicht anders handeln, denn den Bolschewismus „totzuschweigen", ihn abzuwürgen, ist ihnen schon mißlungen.

Gleichzeitig aber sieht die Bourgeoisie fast nur die eine Seite des Bolschewismus: Aufstand, Gewalt, Terror; die Bourgeoisie ist deshalb bemüht, sich zur Abwehr und zum Widerstand insbesondere auf diesem Gebiet vorzubereiten. Es ist möglich, daß ihr das in einzelnen Fällen, in einzelnen Ländern, für diese oder jene kurze Zeitspanne gelingen wird. Mit dieser Möglichkeit muß man rechnen, und wenn ihr das gelingt, so hat es für uns nichts Schreckliches an sich. Der Kommunismus „wächst" buchstäblich aus allen Zweigen des öffentlichen Lebens empor, seine Triebe sind entschieden überall zu finden, die „Seuche" (um den Lieblingsausdruck der Bourgeoisie und der bürgerlichen Polizei und den ihr „angenehmsten" Vergleich zu gebrauchen) ist in den Organismus sehr tief eingedrungen und hat den ganzen Organismus ergriffen. Wird der eine Kanal besonders beflissen verstopft", so bricht die „Seuche" an einer anderen, mitunter ganz unerwarteten Stelle aus. Das Leben setzt sich durch. Mag die Bourgeoisie toben, bis zum Irrsinn wüten, übertreiben, Dummheiten machen, sich an den Bolschewiki im voraus rächen und weitere Hunderte, Tausende, Hunderttausende von Menschen hinzumorden suchen, die gestern zu Bolschewiki geworden sind oder es morgen sein werden (in Indien, in Ungarn, in Deutschland usw.); indem die Bourgeoisie das tut, handelt sie, wie alle von der Geschichte zum Untergang verurteilten Klassen gehandelt haben. Die Kommunisten müssen wissen, daß die Zukunft auf jeden Fall ihnen gehört, und daher können (und müssen) wir die größte Leidenschaftlichkeit in dem gewaltigen revolutionaren Kampf mit möglichst kaltblütiger und nüchterner Einberechnung der Tobsuchtsanfälle der Bourgeoisie verbinden. Die russische Revolution ist 1905 grausam niedergeschlagen worden; die russischen Bolschewiki sind im Juli 1917 geschlagen worden; durch abgefeimte Provokationen und geschickte Manöver haben die Scheidemänner und Noske im Verein mit der Bourgeoisie und den monarchistischen Generalen über 15.000 deutsche Kommunisten hingemordet; in Finnland und in Ungarn wütet der weiße Terror. Aber in allen Fällen und in allen Ländern stählt und entwickelt sich der Kommunismus; er hat so tiefe Wurzeln geschlagen, daß die Verfolgungen ihn nicht schwächen, nicht entkräften, sondern stärken. Es fehlt nur eins, damit wir dem Siege sicher und fest entgegenschreiten: nämlich daß alle Kommunisten in allen Ländern durchweg und restlos die Notwendigkeit erkennen, in ihrer Taktik äußerst elastisch zu sein. Dem sich großartig entwickelnden Kommunismus fehlt jetzt, besonders in den fortgeschrittenen Ländern, diese Erkenntnis und die Fähigkeit, diese Erkenntnis in der Praxis anzuwenden.

Eine nützliche Lehre könnte (und müßte) das sein, was so hochgelehrten Marxisten und dem Sozialismus ergebenen Führern der II. Internationale wie Kautsky, Otto Bauer u.a. widerfahren ist. Sie hatten die Notwendigkeit einer elastischen Taktik vollauf erkannt, hatten die Marxsche Dialektik studiert und anderen beigebracht (und vieles von dem, was sie in dieser Hinsicht getan haben, wird für immer ein wertvoller Beitrag zur sozialistischen Literatur bleiben), sie machten aber bei der Anwendung dieser Dialektik einen derartigen Fehler oder erwiesen sich in der Praxis als solche Nichtdialektiker, als Leute, die so wenig zu begreifen vermochten, wie schnell die Formen wechseln und die alten Formen sich mit neuem Inhalt füllen, daß ihr Los nicht viel beneidenswerter ist als das der Hyndman, Guesde und Plechanow. Die Hauptursache ihres Bankrotts bestand darin, daß sie sich in eine bestimmte Form des Wachstums der Arbeiterbewegung und des Sozialismus „vergafften", deren Einseitigkeit vergaßen, jenen jähen Umschwung zu sehen fürchteten, der kraft der objektiven Verhältnisse unvermeidlich geworden war, und fortfuhren, einfache, auswendig gelernte, auf den ersten Blick unbestreitbare Wahrheiten zu wiederholen wie: drei ist mehr als zwei. Aber die Politik ist der Algebra ähnlicher als der Arithmetik und der höheren Mathematik noch ähnlicher als der niederen. In Wirklichkeit hatten sich alle alten Formen der sozialistischen Bewegung mit neuem Inhalt gefüllt, vor die Zahlen trat deshalb ein neues Vorzeichen: „minus"; unsere Neunmalweisen aber fuhren (und fahren) hartnäckig fort, sich selbst und anderen einzureden, daß „minus drei" mehr sei als „minus zwei".

Man muß dafür sorgen, daß sich bei den Kommunisten nicht derselbe Fehler, nur von einer anderen Seite her, wiederholt oder, richtiger, daß der-

selbe Fehler, den die „linken" Kommunisten, nur von einer anderen Seite
her, begehen, möglichst bald korrigiert und möglichst rasch und schmerz-
los für den Organismus überwunden wird. Der linke Doktrinarismus ist
ebenfalls ein Fehler, nicht nur der rechte Doktrinarismus. Natürlich ist der
Fehler des linken Doktrinarismus im Kommunismus gegenwärtig tausendmal weniger gefährlich und weniger folgenschwer als der Fehler des rechten Doktrinarismus (d.h. des Sozialchauvinismus und des Kautskyanertums), aber doch nur, weil der linke Kommunismus eine ganz junge, eben
erst im Entstehen begriffene Strömung ist. Nur darum kann diese Krankheit unter gewissen Bedingungen leicht geheilt werden, und man muß sich
mit maximaler Energie daranmachen, sie zu heilen.

Die alten Formen sind geborsten, denn es hat sich erwiesen, daß ihr neuer
Inhalt – ein antiproletarischer, reaktionärer Inhalt – sich übermäßig ausge-
dehnt hatte. Wir haben jetzt, vom Standpunkt der Entwicklung des internationalen Kommunismus gesehen, einen so festen, so starken, so mächtigen Inhalt der Arbeit (für die Sowjetmacht, für die Diktatur des Proletariats), daß er sich in jeder beliebigen, in der neuen wie der alten Form, offenbaren kann und muß, alle Formen, nicht nur die neuen, sondern auch
die alten, ummodeln, besiegen, sich unterordnen kann und muß – nicht
um sich mit dem Alten abzufinden, sondern um alle, restlos alle Formen,
die neuen wie die alten, in den Dienst des vollen und endgültigen, entscheidenden und unumstößlichen Sieges des Kommunismus zu stellen.

Die Kommunisten müssen alle Kräfte anspannen, um die Arbeiterbewegung und die gesellschaftliche Entwicklung überhaupt auf dem geradesten
und raschesten Wege zum Sieg der Sowjetmacht und zur Diktatur des Proletariats in der ganzen Welt zu führen. Das ist eine unbestreitbare Wahrheit. Aber man braucht nur einen ganz kleinen Schritt weiter – scheinbar
einen Schritt in derselben Richtung – zu tun, und die Wahrheit verwandelt
sich in einen Irrtum. Man braucht nur wie die deutschen und englischen
linken Kommunisten zu sagen, daß wir nur einen einzigen Weg, nur den
geraden Weg anerkennen, daß wir kein Lavieren, kein Paktieren, keine
Kompromisse zulassen – und das wird bereits ein Fehler sein, der dem
Kommunismus ernstesten Schaden zufügen kann, zum Teil schon zuge-
fügt hat und noch zufügen wird. Der rechte Doktrinarismus hat sich darauf versteift, einzig und allein die alten Formen anzuerkennen, und hat
völlig Bankrott gemacht, weil er den neuen Inhalt nicht bemerkte. Der linke Doktrinarismus versteift sich darauf, bestimmte alte Formen unbedingt
abzulehnen, weil er nicht sieht, daß der neue Inhalt sich durch alle nur
denkbaren Formen Bahn bricht, daß es unsere Pflicht als Kommunisten

ist, alle Formen zu meistern und es zu lernen, mit maximaler Schnelligkeit eine Form durch die andere zu ergänzen, eine Form durch die andere zu ersetzen, unsere Taktik einer jeder solchen Änderung anzupassen, die nicht durch unsere Klasse oder nicht durch unsere Anstrengungen hervorgerufen worden ist.

Die Weltrevolution ist durch die Schrecken, Gemeinheiten und Scheußlichkeiten des imperialistischen Weltkriegs, durch die Ausweglosigkeit der von ihm geschaffenen Lage so mächtig vorwärtsgetrieben und beschleunigt worden, diese Revolution entwickelt sich mit einer so großartigen Schnelligkeit, mit einem so wunderbaren Reichtum an wechselnden Formen in die Breite und Tiefe, sie widerlegt in der Praxis so lehrreich jedweden Doktrinarismus, daß wir allen Grund haben, auf eine rasche und vollständige Heilung der internationalen kommunistischen Bewegung von der Kinderkrankheit des „linken" Kommunismus zu hoffen.

27.4.1920

NACHTRAG

Bis die Verlagsanstalten unseres Landes – das von den Imperialisten der ganzen Welt aus Rache für die proletarische Revolution ausgeraubt worden ist und ungeachtet aller ihren Arbeitern gegebenen Versprechungen weiter ausgeraubt und blockiert wird –, bis unsere Verlagsanstalten die Herausgabe meiner Broschüre zustande brachten, ist aus dem Ausland ergänzendes Material eingetroffen. Da ich keineswegs den Anspruch erhebe, in meiner Broschüre mehr zu bieten als flüchtige Notizen eines Publizisten, will ich einige Punkte kurz streifen.

I. Die Spaltung der deutschen Kommunisten

Die Spaltung der Kommunisten in Deutschland ist zur Tatsache geworden. Die „Linken" oder die „grundsätzliche Opposition" haben zum Unterschied von der „Kommunistischen Partei" eine besondere „Kommunistische Arbeiterpartei" gebildet. In Italien kommt es anscheinend ebenfalls zur Spaltung – ich sage anscheinend, denn ich besitze nur die neuen Nummern (Nr. 7 und 8) der linken Zeitung **Il Soviet**, in denen die Möglichkeit und Notwendigkeit der Spaltung offen erörtert wird, wobei auch von einer Konferenz der Fraktion der „Astensionisten" (oder Boykottisten, d.h. der Gegner einer Beteiligung am Parlament) die Rede ist; diese Fraktion gehört bis heute noch der Italienischen Sozialistischen Partei an.

Es ist zu befürchten, daß die Abspaltung der „linken" Antiparlamentarier (die zum Teil auch Antipolitiker, Gegner der politischen Partei und der Arbeit in den Gewerkschaften sind) zu einer internationalen Erscheinung werden wird, ebenso wie die Abspaltung der „Zentristen" (der Kautskyaner, Longuetisten, „Unabhängigen" usw.). Nun schön! Spaltung ist immerhin besser als Konfusion, die sowohl das ideologische, theoretische, revolutionäre Wachstum, den Reifeprozeß der Partei als auch ihre einmütige, wirklich organisierte, wirklich die Diktatur des Proletariats vorbereitende, praktische Arbeit hemmt.

Mögen die „Linken" in der praktischen Arbeit, im nationalen und internationalen Maßstab, ihre Kräfte erproben, mögen sie versuchen, ohne eine streng zentralisierte Partei mit eiserner Disziplin, ohne die Fähigkeit, alle Gebiete, alle Zweige und Abarten der politischen und kulturellen Arbeit zu beherrschen, die Diktatur des Proletariats vorzubereiten (und dann auch zu verwirklichen). Die praktische Erfahrung wird sie schnell eines Besseren belehren.

Nur müssen alle Anstrengungen gemacht werden, damit die Abspaltung der „Linken" die in naher Zukunft unvermeidlich bevorstehende und notwendige Verschmelzung aller Teilnehmer der Arbeiterbewegung, die aufrichtig und ehrlich für die Sowjetmacht und die Diktatur des Proletariats eintreten, zu einer einheitlichen Partei nicht erschwert oder so wenig wie möglich erschwert. Das besondere Glück der Bolschewiki in Rußland war, daß sie 15 Jahre Zeit hatten, den systematischen und konsequenten Kampf sowohl gegen die Menschewiki (d.h. gegen die Opportunisten und „Zentristen") als auch gegen die „Linken" schon lange vor dem unmittelbaren Kampf der Massen für die Diktatur des Proletariats auszutragen. In Europa und Amerika müssen wir jetzt dieselbe Arbeit in „Eilmärschen" durchführen. Einzelne Personen, besonders unter den erfolglosen Anwärtern auf Führerrollen, können (wenn es ihnen an proletarischer Diszipliniertheit und „Ehrlichkeit gegen sich selbst" fehlt) lange auf ihren Fehlern beharren, aber die Arbeitermassen werden, wenn der Augenblick herangereift sein wird, schnell und leicht sich selbst und alle aufrichtigen Kommunisten zu einer einheitlichen Partei zusammenschließen, die fähig ist, das Sowjetsystem und die Diktatur des Proletariats zu verwirklichen.[33]

II. Die Kommunisten und die Unabhängigen Deutschland

Ich habe in dieser Broschüre die Meinung geäußert, daß ein Kompromiß zwischen den Kommunisten und dem linken Flügel der Unabhängigen für den Kommunismus notwendig und nützlich ist, daß es aber nicht leicht sein wird, es zustande zu bringen. Die Zeitungen, die ich inzwischen erhielt, haben das eine wie das andere bestätigt. In Nr.32 der **Roten Fahne**,

---

33 Zur Frage der künftigen Verschmelzung der „linken" Kommunisten, der Antiparlamentarier, mit den Kommunisten überhaupt will ich noch folgendes bemerken. Soweit ich nach den Zeitungen der „linken" Kommunisten und überhaupt der Kommunisten in Deutschland, in die ich Einblick bekommen habe, urteilen kann, haben die ersten den Vorzug, daß sie es besser als die zweiten verstehen, unter den Massen Agitation zu treiben. Etwas Ähnliches habe ich wiederholt – nur in geringerem Umfang und in einzelnen Lokalorganisationen, nicht aber im Landesmaßstab – in der Geschichte der bolschewistischen Partei beobachtet. Zum Beispiel agitierten in den Jahren 1907 und 1908 die „linken" Bolschewiki mitunter und mancherorts mit mehr Erfolg unter den Massen als wir. Das ist zum Teil darauf zurückzuführen, daß in einem revolutionären Augenblick oder wenn die Erinnerungen an die Revolution noch lebendig sind, mit der Taktik der „einfachen" Verneinung leichter an die Massen heranzukommen ist. Das ist jedoch noch kein Beweis für die Richtigkeit dieser Taktik. Auf jeden Fall kann nicht im geringsten daran gezweifelt werden, daß eine kommunistische Partei, die in der Tat die Avantgarde, der Vortrupp der revolutionären Klasse, des Proletariats, sein will und die darüber hinaus lernen will, nicht nur die breiten proletarischen Massen, die Massen der Werktätigen und Ausgebeuteten, zu führen, es verstehn muß, sowohl für die „Straße", in den Städten und Fabrikvierteln, als auch das Dorf in der faßlichsten, verständlichsten, klarsten und lebendigsten Propaganda zu treiben, zu agitieren und zu organisieren.

dem Zentralorgan der Kommunistischen Partei Deutschlands (Spartakusbund), vom 26.3.1920 finden wir eine „Erklärung" des Zentralkomitees dieser Partei über den „Militärputsch" der Kapp und Lüttwitz und über die „sozialistische Regierung". Diese Erklärung ist sowohl ihrer Hauptvoraussetzung nach als auch ihrer praktischen Schlußfolgerung nach vollkommen richtig. Die Hauptvoraussetzung besteht darin, daß „die objektiven Grundlagen" für die Diktatur des Proletariats im gegebenen Augenblick nicht vorhanden sind, weil die „städtische Arbeiterschaft in ihrer Mehrheit" den Unabhängigen Gefolgschaft leistet. Schlußfolgerung: einer „sozialistischen Regierung unter Ausschluß der bürgerlich-kapitalistischen Parteien" wird eine „loyale Opposition" versprochen (d.h., es wird auf die Vorbereitung zum „gewaltsamen Umsturz" verzichtet).

Zweifellos ist diese Taktik im wesentlichen richtig. Aber wenn man sich auch bei geringfügigen Ungenauigkeiten der Formulierung nicht aufhalten soll, so kann man doch nicht mit Schweigen darüber hinweggehen, daß (in der offiziellen Erklärung einer kommunistischen Partei) eine Regierung der Sozialverräter nicht als „sozialistische" bezeichnet werden darf, daß nicht vom Ausschluß der „bürgerlich-kapitalistischen Parteien" gesprochen werden darf, wo doch die Parteien sowohl der Scheidemänner wie auch der Herren Kautsky und Crispien kleinbürgerlich-demokratische Parteien sind, und daß man solche Dinge nicht schreiben darf wie Punkt 4 der Erklärung, der lautet:

> „Für die weitere Eroberung der proletarischen Massen für den Kommunismus ist ein Zustand, wo die politische Freiheit unbegrenzt ausgenutzt werden, wo die bürgerliche Demokratie nicht als Diktatur des Kapitals auftreten könnte, von der größten Wichtigkeit für die Entwicklung in der Richtung zur proletarischen Diktatur ..."

Ein solcher Zustand ist unmöglich. Die kleinbürgerlichen Führer, die deutschen Henderson (Scheidemänner) und Snowden (Crispien), gehen nicht hinaus und können nicht hinausgehen über den Rahmen der bürgerlichen Demokratie, die ihrerseits nichts anderes sein kann als eine Diktatur des Kapitals. Um das praktische Ergebnis zu erzielen, das vom Zentralkomitee der Kommunistischen Partei durchaus richtig angestrebt wurde, brauchte man diese grundsätzlich falschen und politisch schädlichen Dinge überhaupt nicht zu schreiben. Dazu genügte es zu sagen (wenn man sich schon parlamentarischer Höflichkeit befleißigen wollte): Solange die städtischen Arbeiter in ihrer Mehrheit den Unabhängigen Gefolgschaft leisten, können wir Kommunisten diese Arbeiter nicht hindern, ihre letzten kleinbürgerlich-demokratischen (d.h. auch „bürgerlich-kapitalistischen") Illusionen durch die Erfahrung mit „ihrer" Regierung zu überwinden. Das genügt zur Begründung eines Kompromisses, das tatsächlich notwendig ist und darin bestehen muß, daß man für eine gewisse Zeit auf Versuche zum gewaltsamen Sturz einer Regierung verzichtet, der die Mehrheit der städtischen Arbeiter Vertrauen schenkt. In der tagtäglichen Agitation unter den Massen aber, bei der man nicht an die offizielle, parlamentarische Höflichkeit gebunden ist, könnte man natürlich hinzufügen: Mögen solche Schurken wie die Scheidemänner und solche Philister wie die Kautsky und Crispien in der Praxis enthüllen, wie sehr sie selbst zum Narren gehalten werden und wie sehr sie die Arbeiter zum Narren halten; ihre „saubere" Regierung wird diese „Säuberung" der Augiasställe des Sozialismus, des Sozialdemokratismus und anderer Abarten des Sozialverrats „am saubersten" durchführen.

Die wahre Natur der jetzigen Führer der „Unabhängigen Sozialdemokratischen Partei Deutschlands" (derjenigen Führer, von denen mit Unrecht gesagt wird, sie hätten bereits jeden Einfluß verloren, und die in Wirklichkeit für das Proletariat noch gefährlicher sind als die ungarischen Sozialdemokraten, die sich Kommunisten nannten und die Diktatur des Proletariats „zu unterstützen" versprachen) hat sich während der deutschen Kornilowiade, d.h. während des Putsches der Herren Kapp und Lüttwitz, aber und abermals offenbart.[34] Eine kleine, aber anschauliche Illustration dazu sind die Artikelchen von Karl Kautsky *Entscheidende Stunden* in der **Freiheit** (dem Organ der Unabhängigen) vom 30.3.1920 und von Artur Crispien *Zur politischen Situation* (**ebenda**, 14.4.1920). Diese Herrschaften sind völlig außerstande, wie Revolutionäre zu denken und zu urteilen. Das sind weinerliche spießbürgerliche Demokraten, die dem Proletariat noch tausendmal gefährlicher sind, wenn sie sich als Anhänger der Rätemacht und der Diktatur des Proletariats ausgeben, denn in Wirklichkeit werden sie in jedem schwierigen und gefährlichen Augenblick unweigerlich Verrat begehen ... in der „aufrichtigsten" Überzeugung, daß sie dem Proletariat helfen! Wollten doch auch die ungarischen Sozialdemokraten, die sich in Kommunisten umgetauft hatten, dem Proletariat „helfen", als sie aus Feigheit und Charakterlosigkeit die Lage der Räteregierung in Ungarn für hoffnungslos hielten und vor den Agenten der Ententekapitalisten und der Ententehenker zu flennen anfingen.

---

34 Überaus klar, kurz und bündig, auf marxistische Art ist das übrigens in der vortrefflichen Zeitung der Kommunistischen Partei Österreichs beleuchtet worden. (**Die Rote Fahne**, Wien, Nr.266 und 267 vom 28. und 30. März 1920, L.L., *Ein neuer Abschnitt der deutschen Revolution.*)

III. Turati und Co. in Italien

Die obenerwähnten Nummern der italienischen Zeitung **Il Soviet** bestätigen vollauf, was ich in dieser Broschüre über den Fehler der Italienischen Sozialistischen Partei gesagt habe, die derartige Mitglieder und sogar eine derartige Gruppe von Parlamentariern in ihren Reihen duldet. Noch mehr wird das von einem solchen unbeteiligten Zeugen wie dem römischen Korrespondenten der englischen bürgerlich-liberalen Zeitung **The Manchester Guardian** bestätigt, der in der Nummer vom 12.3.1920 ein Interview mit Turati veröffentlicht hat:

„Signor Turati meint", schreibt dieser Korrespondent, „die revolutionäre Gefahr sei nicht derart, daß sie übermäßige Befürchtungen in Italien hervorriefe. Die Maximalisten fachen das Feuer der Sowjettheorien nur an, um die Massen in wacher und erregter Stimmung zu halten. Diese Theorien sind jedoch rein legendäre Begriffe, unreife Programme, die sich nicht praktisch verwirklichen lassen. Sie taugen nur dazu, die arbeitenden Klassen im Zustand der Erwartung zu halten. Dieselben Leute, die diese Theorien als Lockmittel gebrauchen, um die Augen der Proletarier zu blenden, sehen sich genötigt, einen tagtäglichen Kampf für einige, oft geringfügige wirtschaftliche Vorteile zu führen, um so den Zeitpunkt hinauszuschieben, wo die arbeitenden Klassen ihre Illusionen und den Glauben an ihre Lieblingsmythen verlieren werden, Daher eine lange Kette von Streiks verschiedener Ausmaße und unter verschiedenen Vorwänden, bis zu den letzten Streiks bei der Post und der Eisenbahn – Streiks, welche die ohnehin schlechte Lage des Landes noch mehr verschlechtern. Das Land ist erregt durch die Schwierigkeiten im Zusammenhang mit der adriatischen Frage, auf ihm lasten seine auswärtige Schuld und der inflationistische Umlauf von Papiergeld, und dennoch sieht es noch lange nicht die Notwendigkeit ein, sich jene Arbeitsdisziplin anzueignen, die allein Ordnung und Prosperität wiederherstellen kann ..."

Es ist sonnenklar, daß der englische Korrespondent die Wahrheit ausgeplaudert hat, die wahrscheinlich sowohl von Turati selbst als auch von seinen bürgerlichen Verteidigern, Helfershelfern und Inspiratoren in Italien verhüllt und beschönigt wird. Diese Wahrheit besteht darin, daß die Ideen und die politische Arbeit der Herren Turati, Treves, Modigliani, Dugoni und Co. wirklich so sind und gerade so sind, wie der englische Korrespondent sie schildert. Das ist ein einziger Sozialverrat. Wie schwer wiegt allein die Predigt von Ordnung und Disziplin für die Arbeiter, die Lohnsklaven sind und für den Profit der Kapitalisten arbeiten! Und wie vertraut sind uns Russen alle diese menschewistischen Reden! Wie wertvoll ist das Eingeständnis, daß die Massen für die Sowjetmacht sind! Wie stumpfsinnig und banal-bürgerlich ist das Unverständnis für die revolutionäre Rolle der elementar anschwellenden Streiks! Ja, ja, der englische Korrespondent der bürgerlich-liberalen Zeitung hat den Herren Turati und Co. einen Bärendienst erwiesen und glänzend bestätigt, wie recht Genosse Bordiga und seine Freunde von der Zeitung **Il Soviet** haben, wenn sie fordern, daß die Italienische Sozialistische Partei, falls sie in Wirklichkeit für die III. Internationale sein will, die Herren Turati und Co. mit Schimpf und Schande aus ihren Reihen verjagen und sowohl ihrem Namen als auch ihren Taten nach eine kommunistische Partei werden muß.

IV. Falsche Schlüsse aus richtigen Voraussetzungen

Aber Gen. Bordiga und seine „linken" Freunde ziehen aus ihrer richtigen Kritik an den Herren Turati und Co. den falschen Schluß, daß eine Beteiligung am Parlament überhaupt schädlich sei. Zur Verteidigung dieser Auffassung können die italienischen „Linken" nicht einen Schimmer ernster Argumente anführen. Sie kennen einfach nicht die internationalen Vorbilder einer wirklich revolutionären und kommunistischen, für die Vorbereitung der proletarischen Revolution zweifellos wertvollen Ausnutzung der bürgerlichen Parlamente (oder suchen sie zu vergessen). Sie können sich einfach nichts „Neues" vorstellen und zetern, sich endlos wiederholend, über die „alte", die unbolschewistische Ausnutzung des Parlamentarismus.

Darin besteht denn auch ihr Grundfehler. Nicht nur in den parlamentarischen, sondern in alle Tätigkeitsbereiche muß der Kommunismus etwas grundsätzlich Neues hineintragen (und ohne langwierige, beharrliche, hartnäckige Arbeit wird er das nicht tun können), das mit den Traditionen der II. Internationale radikal bricht (und gleichzeitig das beibehält und weiterentwickelt, was sie Gutes hervorgebracht hat).

Nehmen wir beispielsweise die journalistische Arbeit. Zeitungen, Broschüren und Flugblätter sind notwendig für die Propaganda, Agitation und Organisation. Ohne einen journalistischen Apparat kann keine einzige Massenbewegung in einem halbwegs zivilisierten Lande auskommen. Und kein Gezeter gegen die „Führer", keine Schwüre, die Massen vom Einfluß der Führer rein zu halten, werden uns der Notwendigkeit entheben, für diese Arbeit Intellektuelle zu verwenden, die aus dem Bürgertum hervorgegangen sind, werden uns von der bürgerlich-demokratischen Atmosphäre, der „Eigentümer"-Atmosphäre und dem Milieu befreien, in dem diese Arbeit unter dem Kapitalismus geleistet wird. Sogar zweieinhalb Jahre nach dem

Sturz der Bourgeoisie, nach der Eroberung der politischen Macht durch das Proletariat spüren wir um uns diese Atmosphäre, dieses Milieu massenhafter (bäuerlicher, handwerklicher) bürgerlich-demokratischer Beziehungen von Eigentümern.

Der Parlamentarismus ist eine Form der Arbeit, die Journalistik eine andere. Der Inhalt beider kann kommunistisch sein und muß kommunistisch sein, wenn auf diesem wie auf jenem Gebiet wirkliche Kommunisten, wirkliche Mitglieder einer proletarischen Massenpartei tätig sind. Aber auf diesem wie auf jenem Gebiet – und auf jedem beliebigen – Arbeitsgebiet unter dem Kapitalismus und beim Übergang vom Kapitalismus zum Sozialismus – gibt es kein Ausweichen vor den Schwierigkeiten, die das Proletariat überwinden, vor den eigenartigen Aufgaben, die es lösen muß, um die aus dem Bürgertum kommenden Intellektuellen für seine Zwecke auszunutzen, die bürgerlich-intelligenzlerischen Vorurteile und Einflüsse zu besiegen und den Widerstand des kleinbürgerlichen Milieus zu schwächen (und es im weiteren vollkommen umzugestalten).

Haben wir denn nicht vor dem Kriege 1914-1918 in allen Ländern eine außerordentliche Fülle von Beispielen dafür gesehen, wie ganz „linke" Anarchisten, Syndikalisten und andere den Parlamentarismus verdammten, die bürgerlich-verfluchten sozialistischen Parlamentarier verspotteten, ihren Karrierismus geißelten usw. usf., selbst aber vermittels der Journalistik, vermittels der Arbeit in den Syndikaten (Gewerkschaften) eine ebensolche bürgerliche Karriere machten? Sind denn die Beispiele der Herren Jouhaux und Merrheim, wenn man sich auf Frankreich beschränken will, nicht typisch?

Darin besteht eben die Kinderei der „Ablehnung" einer Beteiligung am Parlamentarismus, daß man auf eine so „einfache", „leichte", angeblich revolutionäre Weise die schwierige Aufgabe des Kampfes gegen die bürgerlich-demokratischen Einflüsse innerhalb der Arbeiterbewegung „zu lösen" glaubt, in Wirklichkeit aber nur vor dem eigenen Schatten davonläuft, nur die Augen vor der Schwierigkeit verschließt und mit bloßen Worten über sie hinwegzukommen sucht. Schamlosester Karrierismus, Ausnutzung der Parlamentspöstchen auf bürgerliche Art, himmelschreiende reformistische Entstellung der Arbeit im Parlament, abgeschmackte spießbürgerliche Routine – das alles sind ohne Zweifel die gewöhnlichen und überwiegenden charakteristischen Züge, die der Kapitalismus überall, nicht nur außerhalb, sondern auch innerhalb der Arbeiterbewegung erzeugt. Aber der Kapitalismus und die von ihm geschaffenen bürgerlichen Zustände (die sogar nach dem Sturz der Bourgeoisie nur sehr langsam verschwinden, den die

Bauernschaft bringt immer wieder eine Bourgeoisie hervor) erzeugen durchweg auf allen Arbeits- und Lebensgebieten im Grunde genommen den gleichen, sich nur durch ganz geringe Varianten in der Form unterscheidenden bürgerlichen Karrierismus und nationalen Chauvinismus, die gleiche spießbürgerliche Verflachung usw.usf.

Ihr kommt euch selber „schrecklich revolutionär" vor, liebe Boykottisten und Antiparlamentarier, aber in Wirklichkeit habt ihr Angst bekommen vor den verhältnismäßig kleinen Schwierigkeiten des Kampfes gegen die bürgerlichen Einflüsse innerhalb der Arbeiterbewegung, obwohl doch euer Sieg, d.h. der Sturz der Bourgeoisie und die Eroberung der politischen Macht durch das Proletariat, dieselben Schwierigkeiten in noch größerem, unermeßlich größerem Ausmaß schaffen wird. Ihr habt wie Kinder Angst bekommen vor einer kleinen Schwierigkeit, die euch heute bevorsteht, und begreift nicht, daß ihr morgen oder übermorgen trotz allem werdet lernen, endgültig lernen müssen, dieselben Schwierigkeiten in unermeßlich beträchtlicherem Ausmaß zu überwinden.

Unter der Sowjetmacht werden in eure und in unsere proletarische Partei noch mehr Intellektuelle aus dem Bürgertum hineinzuschlüpfen versuchen. Sie werden auch in die Sowjets, in die Gerichte und in die Verwaltung hineinschlüpfen, denn man kann den Kommunismus nicht anders und mit nichts anderem aufbauen als mit dem Menschenmaterial, das der Kapitalismus geschaffen hat, man kann die bürgerliche Intelligenz nicht fortjagen und vernichten, sondern muß sie besiegen, ummodeln, umwandeln, genauso wie man in langwierigen Kämpfen, auf dem Boden der Diktatur des Proletariats, auch die Proletarier selbst umerziehen muß, die sich von ihren eigenen kleinbürgerlichen Vorurteilen nicht auf einmal, nicht durch ein Wunder, nicht auf Geheiß der Mutter Gottes, nicht auf Geheiß einer Losung, einer Resolution, eines Dekrets befreien, sondern nur in langwierigen und schwierigen Massenkämpfen gegen den Masseneinfluß des Kleinbürgertums. Unter der Sowjetmacht erstehen vor uns dieselben Aufgaben, die der Antiparlamentarier jetzt so stolz, so leichtfertig, so kindisch mit einer Handbewegung abtut – erstehen dieselben Aufgaben innerhalb der Sowjets, innerhalb der Sowjetverwaltung, innerhalb der sowjetischen „Rechtsbeistände" (wir haben in Rußland die bürgerliche Advokatur abgeschafft und haben recht daran getan, sie abzuschaffen, aber unter dem Deckmantel der „sowjetischen Rechtsbeistände"[35], lebt sie bei

---

35 „Sowjetische Rechtsbeistände" – die Kollegien der Rechtsbeistände wurden im Februar 1918 bei den Sowjets der Arbeiter-, Soldaten-, Bauern- und Kosakendeputierten geschaffen. Im Oktober 1920 wurden sie aufgelöst.

uns wieder auf). Unter den Sowjetingenieuren, unter den Sowjetlehrern, unter den privilegierten, d.h. am meisten qualifizierten und am besten gestellten Arbeitern in den Sowjetfabriken sehen wir ein ständiges Wiederaufleben durchweg aller der negativen Züge, die dem bürgerlichen Parlamentarismus eigen sind, und nur durch wiederholten, unermüdlichen, langwierigen, hartnäckigen Kampf, durch proletarische Organisiertheit und Disziplin werden wir – allmählich – dieses Übels Herr.

Gewiß, unter der Herrschaft der Bourgeoisie ist es sehr „schwierig", die bürgerlichen Gewohnheiten in der eigenen Partei, d.h. in der Arbeiterpartei, zu besiegen: es ist „schwierig", die gewohnten, durch bürgerliche Vorurteile hoffnungslos verdorbenen parlamentarischen Führer aus der Partei zu vertreiben; es ist „schwierig", eine absolut notwendige (eine ganz bestimmte, wenn auch sehr beschränkte) Zahl von Leuten, die aus dem Bürgertum kommen, der proletarischen Disziplin unterzuordnen; es ist „schwierig", eine der Arbeiterklasse durchaus würdige kommunistische Fraktion im bürgerlichen Parlament zu schaffen; es ist „schwierig' zu erreichen, daß die kommunistischen Parlamentarier ihre Zeit nicht mit bürgerlich-parlamentarischen Kinkerlitzchen vertändeln, sondern sich mit der so überaus dringenden Arbeit der Propaganda, Agitation und Organisation unter den Massen befassen. All das ist „schwierig", wer wollte es leugnen, es war schwierig in Rußland und wird noch unvergleichlich schwieriger sein in Westeuropa und Amerika, wo die Bourgeoisie weit stärker ist, wo die bürgerlich-demokratischen Traditionen und dergleichen stärker sind.

Aber alle diese „Schwierigkeiten" sind geradezu kinderleicht im Vergleich mit den Aufgaben ganz derselben Art, die das Proletariat sowieso unweigerlich wird lösen müssen, sowohl um zu siegen als auch während der proletarischen Revolution und nach der Machtergreifung durch das Proletariat. Im Vergleich mit diesen wahrhaft gigantischen Aufgaben, wenn man unter der Diktatur des Proletariats Millionen Bauern und Kleinproduzenten, Hunderttausende Angestellte, Beamte, bürgerliche Intellektuelle umerziehen und sie alle dem proletarischen Staat und der proletarischen Führung unterstellen, in ihnen die bürgerlichen Gewohnheiten und Traditionen wird besiegen müssen – im Vergleich mit diesen gigantischen Aufgaben ist es eine kinderleichte Sache, unter der Herrschaft der Bourgeoisie, im bürgerlichen Parlament eine wirklich kommunistische Fraktion einer wirklich proletarischen Partei zu schaffen.

Wenn die Genossen „Linken" und Antiparlamentarier es nicht lernen, heute selbst eine so kleine Schwierigkeit zu überwinden, so kann man mit Gewißheit sagen, daß sie entweder nicht imstande sein werden, die Diktatur des Proletariats zu verwirklichen, es nicht zuwege bringen werden, sich die bürgerlichen Intellektuellen und die bürgerlichen Institutionen in großem Maßstab unterzuordnen und sie umzumodeln, oder aber daß sie das alles in größter Hast werden nachlernen müssen und durch diese Hast der Sache des Proletariats gewaltigen Schaden zufügen, mehr Fehler als gewöhnlich begehen, mehr Schwäche und Unvermögen als durchschnittlich an den Tag legen werden usw. usf.

Solange die Bourgeoisie nicht gestürzt ist und solange ferner die Kleinwirtschaft und die kleine Warenproduktion nicht völlig verschwunden sind, solange werden bürgerliche Zustände, Eigentümergewohnheiten und kleinbürgerliche Traditionen die proletarische Arbeit von außerhalb wie von innerhalb der Arbeiterbewegung schädigen, nicht allein auf dem Feld der parlamentarischen Tätigkeit, sondern unvermeidlich auf allen und jeglichen Gebieten der öffentlichen Tätigkeit, in ausnahmslos allen kulturellen und politischen Wirkungskreisen. Und ein überaus schwerer Fehler, den wir später unbedingt werden büßen müssen, ist der Versuch, sich vor einer der „unangenehmen" Aufgaben oder Schwierigkeiten auf einem Arbeitsgebiet zu drücken, von ihr nichts wissen zu wollen. Man muß es lernen, alle Arbeits- und Tätigkeitsgebiete ohne Ausnahme zu meistern und zu beherrschen, alle Schwierigkeiten und alle bürgerlichen Praktiken, Traditionen und Gewohnheiten überall und allerorts zu überwinden. Eine andere Fragestellung wäre einfach nicht ernst zu nehmen, wäre einfach eine Kinderei.

12.5.1920

V.

In der russischen Ausgabe dieses Buches habe ich die Haltung der Kommunistischen Partei Hollands in ihrer Gesamtheit zu Fragen der internationalen revolutionären Politik nicht ganz richtig beleuchtet. Deshalb nehme ich diese Gelegenheit wahr, um nachstehenden Brief unserer holländischen Genossen über diese Frage zu veröffentlichen und sodann den im russischen Text von mir gebrauchten Ausdruck „holländische Tribunisten" richtigzustellen und durch die Worte „einige Mitglieder der Kommunistischen Partei Hollands" zu ersetzen. – *N. Lenin*

Ein Brief Wijnkoops

Moskau, den 30. Juni 1920

Werter Genosse Lenin!

Dank Ihrer Liebenswürdigkeit konnten wir Mitglieder der holländischen Delegation zum Zweiten Kongreß der Kommunistischen Internationale Ihr Buch **Der „linke Radikalismus", die Kinderkrankheit im Kommunismus** durchsehen, bevor die Übersetzungen in die westeuropäischen Sprachen gedruckt worden sind. In diesem Buch mißbilligen Sie wiederholt nachdrücklich die Rolle, die einige Mitglieder der Kommunistischen Partei Hollands in der internationalen Politik spielten.

Wir müssen indes dagegen protestieren, daß Sie die Kommunistische Partei für die Haltung dieser Genossen verantwortlich machen. Das ist äußerst ungenau. ja mehr noch, es ist ungerecht, denn diese Mitglieder der Kommunistischen Partei Hollands haben sich kaum oder überhaupt nicht am tagtäglichen Kampf unserer Partei beteiligt. Sie versuchen überdies direkt oder indirekt, in der Kommunistischen Partei oppositionelle Losungen durchzusetzen, gegen welche die Kommunistische Partei Hollands und jedes einzelne ihrer Organe mit all ihrer Energie gekämpft haben und bis auf den heutigen Tag kämpfen.

Mit brüderlichem Gruß

(Für die holländische Delegation) D.J. Wijnkoop